课程思政：我们这样设计
（金融学专业）

赵 睿 主编
李雅宁 韩 莉 副主编

清华大学出版社
北京

内 容 简 介

课程思政是一种育人理念，也是一种教育模式。本书将思政目标融入专业人才培养方案与教学大纲，以"立德树人"为核心进行教学设计，从教学理念、教学重点、教学设计、教学评价、教师成长等方面展示金融学专业课程思政教学案例，涉及微观经济学、宏观经济学、计量经济学、金融学、保险学、财政学等专业基础课程，以及公司金融、国际金融、商业银行业务管理、证券投资学、金融工程概论、金融风险管理等专业核心课程；同时，附录展示了思政引领的金融学专业人才培养方案，供读者参考。本书能够引导专业教师深入挖掘专业课程中的思政元素，将思政教育有机融入专业课程，可作为高校专业教师将思想政治教育融入课堂的参考书。

本书封面贴有清华大学出版社防伪标签，无标签者不得销售。
版权所有，侵权必究。举报：010-62782989，beiqinquan@tup.tsinghua.edu.cn。

图书在版编目(CIP)数据

课程思政：我们这样设计. 金融学专业 / 赵睿主编. —北京：清华大学出版社，2024.4
ISBN 978-7-302-65826-9

Ⅰ. ①课⋯　Ⅱ. ①赵⋯　Ⅲ. ①高等学校－思想政治教育－教学研究－中国　Ⅳ. ①G641

中国国家版本馆 CIP 数据核字(2024)第 060847 号

责任编辑：高　屾
封面设计：孔祥峰
版式设计：思创景点
责任校对：马遥遥
责任印制：刘　菲

出版发行：清华大学出版社
网　　址：https://www.tup.com.cn，https://www.wqxuetang.com
地　　址：北京清华大学学研大厦 A 座　　邮　编：100084
社 总 机：010-83470000　　邮　购：010-62786544
投稿与读者服务：010-62776969，c-service@tup.tsinghua.edu.cn
质 量 反 馈：010-62772015，zhiliang@tup.tsinghua.edu.cn
印 装 者：三河市龙大印装有限公司
经　　销：全国新华书店
开　　本：185mm×260mm　　印　张：12.25　　字　数：269 千字
版　　次：2024 年 6 月第 1 版　　印　次：2024 年 6 月第 1 次印刷
定　　价：59.00 元

产品编号：096502-01

前言

2016年，习近平总书记在全国高校思想政治工作会议上指出，要坚持把立德树人作为中心环节，把思想政治工作贯穿教育教学全过程，实现全程育人、全方位育人。北京联合大学紧紧围绕"培养什么人、怎样培养人、为谁培养人"这个根本问题，坚守"为党育人、为国育才"的初心和使命，把立德树人作为对党的初心和使命的最高践行，把课程思政作为落实立德树人根本任务的重要举措，持续深化课程思政建设，取得了令人瞩目的成效。

北京联合大学金融学专业始建于1995年，2010年获批教育部高等学校特色专业建设点，2012年获批北京市专业综合改革试点，2014年获批金融硕士专业学位授权点，2020年获批教育部国家级一流本科专业建设点。金融学专业围绕立德树人根本任务，结合新金融人才培养特点，健全"三全育人"体制机制，体现高水平应用型大学服务北京"四个中心"建设的职能，发挥学校在全国课程思政研究与实践中的优势，基于学习产出的教育模式（outcomes-based education，OBE），在人才培养的核心素养要求中对毕业生在思想政治素质方面的要求和目标进行精准设计，将专业课程体系、教学规范、师资队伍、教学条件、质量保障等要素与人才培养目标有效衔接，体现专业思政的内容和要求，深化课程思政建设。北京联合大学本着"学生中心、成果导向、持续改进、特色发展"的人才培养理念，探索价值引领、智慧支撑、知行合一的金融学专业实践创新人才培养模式，通过专业思政和课程思政一体化设计，培育科技与人文素养兼备，理论与实务知识并重，具有国际视野、创新创业精神和社会责任感的复合型、应用型人才。

北京联合大学金融学"专业思政"在人才培养目标中突出金融学专业对人才的核心素养要求，在人才培养方案中明确核心素养所要求的育人目标和实现路径，在专业人才培养全过程有机融入金融学专业所蕴含的思政元素和所承载的思政教育功能，实现专业育人和育才的统一；围绕"课程思政"所要求的价值塑造、能力培养、知识传授的教学目标，有效地把知识教育和理想信念教育、道德品格教育有机结合起来，对发掘出的金融学专业课程思政元素进行系统梳理和设计，依托本专业优质的教师资源，打造了一批有特色的金融类课程思政示范课程。本书不仅诠释了金融学"专业思政"的整体设计思路，还展现了金融学专业课程"门门有思政"的经典教案，每一篇教学大纲和教学设计无不倾注着作者的心血，每一个思政案例的设计无不饱含着教师"人人讲育人"的专注与情怀。

本书的专业篇由赵睿、林妍梅、李雅宁、韩莉撰写，课程篇由崔佳宁、杨艳芳、陈岩、邢秀芹、李雅宁、陈春春、赵睿、王冬妮、肖文东、张蓉、刘微、韩莉、刘迎春、李雪岩、蒋佳伶、傅巧灵、苏艳芝、赵婧撰写。

  本书提供丰富的教学资源，包括但不限于金融学专业人才培养方案、课程思政教学案例、课程思政教学设计范例中的教学课件，教师可扫描右侧二维码获取。

  本书能够顺利出版，得力于北京联合大学的指导资助，得力于每一位专业教师的辛勤付出，以及清华大学出版社的大力支持，在此一并表示诚挚的谢意。

赵睿

2024 年 4 月

目录

专业篇

第1章 金融学专业思政建设方案 ·· 3
   1.1 金融学专业思政总体要求 ·· 3
   1.2 金融学专业思政建设目标 ·· 4
   1.3 基于 OBE 理念的金融学专业思政实施路径 ······························ 5
   1.4 金融学专业教师队伍建设 ·· 7

第2章 基于 OBE 理念的课程教学设计研究 ······································ 9
   2.1 基于 OBE 理念的人才培养特征 ·· 9
   2.2 基于 OBE 理念的课程教学设计思路 ······································ 10
   2.3 定义产出——课程教学目标的确定与表述 ······························ 11
   2.4 实现产出 ·· 12
   2.5 评估产出 ·· 16

第3章 金融学专业课程思政的教学设计 ·· 19

课程篇

第4章 金融学专业基础课程 ·· 25
   4.1 微观经济学课程思政建设 ·· 25
   4.2 宏观经济学课程思政建设 ·· 31
   4.3 计量经济学课程思政建设 ·· 38
   4.4 金融学课程思政建设 ·· 45
   4.5 保险学课程思政建设 ·· 54
   4.6 财政学课程思政建设 ·· 62

第5章 金融学专业核心课程 ·· 68
   5.1 公司金融课程思政建设 ·· 68
   5.2 国际金融课程思政建设 ·· 77

5.3 商业银行业务管理课程思政建设 ··· 85
5.4 证券投资学课程思政建设 ··· 94
5.5 金融工程概论课程思政建设 ··· 101
5.6 金融风险管理课程思政建设 ··· 109
5.7 金融市场学课程思政建设 ··· 119

第6章 金融学专业特色课程 ··· 130
6.1 金融营销学课程思政建设 ··· 130
6.2 个人理财规划课程思政建设 ··· 138
6.3 中小企业金融服务课程思政建设 ····································· 145
6.4 金融业务综合实践课程思政建设 ····································· 153

参考文献 ··· 159

附录 思政引领的金融学专业人才培养方案 ···················· 161

专业篇

金融是现代经济的核心，是资源配置的枢纽。在互联网和信息技术革命推动下，新的金融生态、金融服务产品及模式成为金融业发展的新领域。植入互联网思维的新金融正以更加包容的理念和更加开放的态度，支持金融的改革开放与普惠发展，为我国全面实现小康社会、实现中华民族伟大复兴的中国梦，发挥着推动高质量发展及提高全要素生产率的重要作用。但随着新机构、新业务的不断涌现，金融乱象也屡有发生，金融风险日渐复杂。防范化解威胁经济社会稳定的系统性风险，事关人民财产安全、国家安全和发展全局。

面对错综复杂的国际环境和艰巨繁重的国内改革发展稳定任务，金融领域对金融人才的需求提出了新的要求，不仅需要掌握大数据、云计算等新兴技术的金融科技人才，还需要懂得在新领域中构建规则并遵守规则的人才，更需要具有政治担当、为民情怀和强烈社会责任感的人才。加强此类人才的培养，使金融行业更好地服务于实体经济，坚定不移贯彻创新、协调、绿色、开放、共享的发展理念，肩负起全面建成小康社会的金融使命。

为了培养适应我国经济社会发展需要的高素质金融人才，北京联合大学金融学专业从2017年开始以课程思政建设为切入点，坚守"为党育人、为国育才"的初心，经过不断深化改革，根据学生专业学习的阶段成长特征，系统设计了课程思政的递进式教学路径，形成了将知识教育、能力培养和价值引领融会贯通于人才培养全过程的育人模式和卓有成效的课程思政教学设计方法，力求将公正、平等、诚信的新金融人才核心素养教育理念从"入脑"到"入心"再到"入行"。

第 1 章
金融学专业思政建设方案

1.1 金融学专业思政总体要求

高校课程思政是把思想政治工作体系贯通人才培养体系的基础手段，而专业思政则是把思想政治工作体系贯通人才培养体系的体系化和规范化体现。专业思政规定了对专业核心素养的总体思政要求，为深化课程思政建设提供了专业规定性，搭建了共同的思政资源平台，营造了更好的育人氛围。课程思政既是专业思政的重要组成部分，也是开展专业思政建设的重要载体。高校要统筹开展专业思政和课程思政建设，既要坚持课程思政在专业思政建设中的核心地位，又要坚持把专业思政的目标要求传导到教师，着力促进专业思政和课程思政一体化实施。

2016 年，习近平总书记在全国高校思想政治工作会议上指出，要坚持把立德树人作为中心环节，把思想政治工作贯穿教育教学全过程，实现全程育人、全方位育人。2018 年，习近平总书记进一步强调，高校要抓好三项基础性工作，即坚持办学正确政治方向、建设高素质教师队伍、形成高水平人才培养体系。为实现立德树人的根本目标，金融学专业设计了立德树人同向同行协同推进机制(见图 1-1)，使得课程的政治方向与教师队伍建设聚焦于形成高水平的人才培养体系，并将思想政治工作贯通学科体系、教学体系、教材体系和管理体系，同时需要坚持"教育者先受教育"，深化课程思政建设，保证同向同行，形成协同效应。

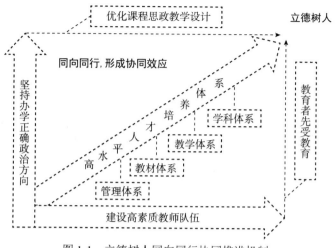

图 1-1　立德树人同向同行协同推进机制

1.2　金融学专业思政建设目标

金融学专业思政建设围绕立德树人根本任务，健全"三全育人"体制机制，将思想政治工作贯通专业建设各要素全过程，明确人才培养目标的思想政治素质要求，深化课程思政的核心地位，构建"思政引领·智慧支撑·知行合一"的金融学专业实践创新人才培养体系，培育科技与人文素养兼备，理论与实务知识并重，具有国际视野、创新创业精神和社会责任感的复合型、应用型人才。

(1) 金融学专业思政建设围绕立德树人根本任务，以专业负责人为组织者和实施者，充分发挥金融系党支部的引领、推动和保障作用，实现教师全员参与，将思想政治工作贯通专业建设各要素全过程。

(2) 明确人才培养目标的思想政治素质要求，将专业课程体系、教学规范、师资队伍、教学条件、质量保障等要素与人才培养目标有效衔接，体现"专业思政"内容和要求。

(3) 深化课程思政，深入挖掘专业课程中蕴含的思政元素，以金融专业核心课程为抓手，以课程体系为蓝本，以实践育人为依托形成专业思政建设框架。

(4) 围绕立德树人根本任务，结合金融学专业学科实际，突出北京联合大学红色基因、城市型应用型大学办学定位和服务北京四个中心建设的职能，探索思政引领、智慧支撑、知行合一的金融学专业实践创新人才培养模式，通过建立"三位一体"的育人平台，依托智慧学习环境推动课堂教学革命和"金课"建设，实现"知行合一"的金融人才培养目标。

1.3 基于 OBE 理念的金融学专业思政实施路径

1. 构建"价值引领"的金融学实践创新人才培养体系

北京联合大学金融学专业围绕立德树人根本任务，结合新金融人才培养特点，突出习近平新时代中国特色社会主义思想在京华大地的生动实践，体现城市型应用型大学服务北京"四个中心"建设的职能，发挥学校在全国课程思政研究与实践中的优势，基于学习产出的教育模式(outcomes-based education，OBE)，在人才培养的核心素养要求中，对毕业生在思想政治素质方面的要求和目标进行精准设计，本着"学生中心、成果导向、持续改进、特色发展"的人才培养理念，探索价值引领、智慧支撑、知行合一的金融学专业实践创新人才培养模式，通过专业思政和课程思政一体化设计，依托智慧学习环境，推动课堂教学革命和"金课"建设，实现"知行合一"的人才培养目标。金融学实践创新人才培养体系如图 1-2 所示。

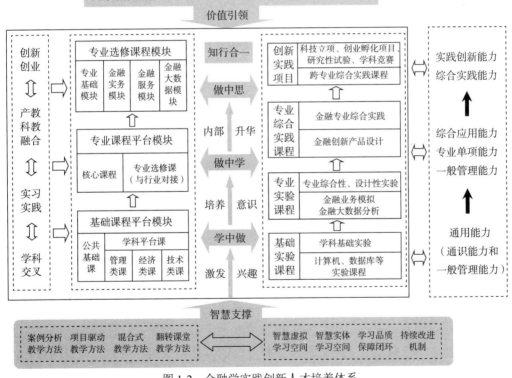

图 1-2 金融学实践创新人才培养体系

2. 专业思政统领下的金融学专业课程体系

北京联合大学金融学专业根据人才培养的总目标，结合专业人才培养的特点和定位，明确提出专业思政的毕业要求，即培养具有人文精神、科学素养、社会责任感，熟悉与金融学专业相关的职业和行业的方针政策和法律法规，能够在金融实践中理解并遵守金融职业道德和规范,履行相应责任的复合型、应用型人才,并将专业思政的毕业要求进一步分解为 3 个具体的指标点,明确专业理论课、专业实践课和第二课堂涉及的每门课程所对应的指标点,金融学专业思政目标与课程思政目标的对应关系如图 1-3 所示。

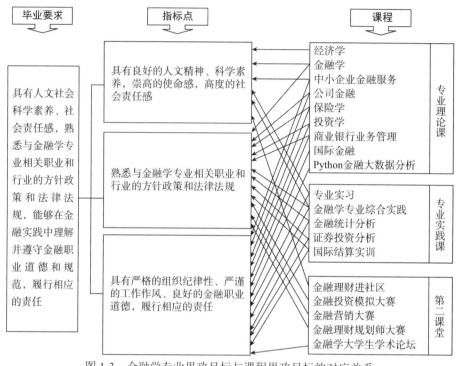

图 1-3　金融学专业思政目标与课程思政目标的对应关系

(1) 深化课程思政,着力"入脑""入心"。 北京联合大学金融学专业深入挖掘各类课程所蕴含的思想政治教育元素和所承载的思想政治教育功能,注重金融职业"公正、平等、诚信"核心要素的价值引领,基于 OBE 教育理念,围绕"学为中心"的目标导向,加强课程思政建设。金融学专业课程以育人作用为切入点,瞄准学生未来所从事工作的职业素养要求,结合中国特色社会主义的伟大实践和国际国内时事,挖掘每一门专业课的思想政治教育元素,并将其有机融入课堂教学各环节。金融学、商业银行业务管理等专业课以培养学生具有良好的人文精神、科学素养,崇高的使命感,高度的社会责任感为思政目标,发掘专业知识中蕴含的思想政治教育元素;金融法、保险学、财政学等课程以让学生熟悉与金融学专业相关的职业和行业的方针、政策和法律、法规为目标,融入思想政治教育元素;国际金融、金融市场学、金融风险管理等课程在强调专业知识和职业素养的同时,培养学生具有严格的组织纪律性、严谨的工作作风、良好的金融职业道德,履行相应的责任。

(2) 厚植实践育人,践行知行合一。 金融学专业注重加强校企合作,提升专业课程和实践课程与行业标准的对接精度,依托校外实践基地,注重学生在实践过程中思想政治核心素养的培养,强调金融职业"公正、平等、诚信"核心要素的价值引领,将社会主义核心价值观与金融专业职业道德规范融入实践课程。金融学专业综合实践、证券投资分析、专业实习等实践类课程注重培养学生在实习实践中，熟悉并掌握金融行业的政策、法律、法规，强调金融从业者具有严格的组织纪律性、严谨的工作作风和良好的职业道德，并将这些思想政治教育元素润物细无声地融入行为规范，践行知行合一的人才培养理念。

(3) 打造第二课堂，营造浓厚育人氛围。北京联合大学金融学专业形成了以"学生为中心"，第一、第二课堂联动的实践创新型金融学人才培养模式，通过师生共同体"全程导学"，构建以价值引领为目标、创新能力培养为主线、贯穿第一与第二课堂的金融人才培养体系。通过"案例驱动式、项目驱动式、竞赛驱动式"等多层次教学模式，实施专业思政，价值引领，把专业思政的目标细化落实到教育教学各环节、各方面。学生科技竞赛、学术论坛是学生创新应用与实践的检验平台，专业教师可通过开展第二课堂活动，综合提升学生的人文社会科学素养和使命感，培养学生良好的职业道德，通过体验式教学增强金融业从业人员的职业责任感。

1.4 金融学专业教师队伍建设

新时代教师作为课程思政建设的主体，立德树人的责任重大，必须提高政治站位，不忘为党育人、为国育才的初心和使命，坚持以学生为中心，自觉肩负起"传播知识、传播思想、传播真理，塑造灵魂、塑造生命、塑造新人的时代重任"，时刻把握课堂教学是育人主渠道的科学定位，明确所有课程的育人要素和责任，深入挖掘每一门课程所蕴含的思想政治教育资源。"教育者先受教育"是教师开展课程思政的关键所在，教师要把提高自我修养和参加教育培训结合起来，在明道、信道的基础上向学生传道、授业、解惑；学校则要建立机制、搭建平台，多措并举，加强引导，不断提升教师开展课程思政的能力。北京联合大学金融学专业教师坚持"教育者先受教育"，做到"课程门门有思政、教师人人讲育人"，注重思想政治教育教学方法，形成了一支具有过硬的思想政治觉悟、扎实的理论基础和较强的专业实践能力的双师型教师队伍。

1. 持续提升专业教师的思想政治素质

专业课教师要按照"四有好老师"的标准和要求，自觉学习研读马克思主义理论经典著作，坚定共产主义远大理想和中国特色社会主义共同理想，树立正确的世界观、人生观和价值观，不断提升用辩证唯物主义和历史唯物主义等马克思主义的立场、观点和方法认识问题、分析问题和解决问题的能力，增强回应学生关切、解答学生困惑和引导学生发展的能力。专业教师要努力增强"四个意识"、坚定"四个自信"、做到"两个维护"，发挥好课堂育人的主渠道作用，做好学生学习知识、锤炼品格、创新思维和奉献祖国的引路人。此外，课程思政要求教师对学生进行更为全面的研究，不仅了解其专业知识建构、学习习惯、兴趣和能力等，还要对学生的思想、态度和价值观等进行深入研究，以便在课程思政实施过程中做到因材施教。

2. 不断增强专业教师的育人本领

教师开展课程思政是对课程结构、教学内容、教学方法等的重新认识和梳理，是课程建设内容的一部分。教师要围绕课程思政拓宽学科视野，提升专业水平和执教能力，增强育人本领，既要对本学科和专业领域的知识娴熟贯通，又要对马克思主义基本原理、历史知识、时政信息等有深刻的认识；既要了解学生的专业知识水平，又要关注学生的思想状况；既有传授知识的逻辑技巧，又要有一定的思想政治教育技能。同时，专业课教师不仅需要营造课程思政的环境与氛围，激发学生的兴趣，更需要通过启发式、探究式、讨论式等方式，有效开展课程思政，引导学生思考和探究，以保证课程思政的教学效果。

3. 学校多措并举加强对专业教师的引导

学校通过加强教师职业发展培训，使立德树人的理念扎根教师心田，同时强化政策保障和激励机制，通过建立考核机制、评价机制、榜样引领机制等，激发教育者"先受教育"的内驱动力。北京联合大学将课程思政"示范课""精品课"纳入职称评聘和各类人才项目推荐的条件，将师德考核优秀、"课程思政"的实践及"课程思政"相关表彰或好评作为优秀教师评选的必要条件，在全体教师中形成了思想上重视课程思政、行动上落实课程思政、效果上突显课程思政的教育教学新生态。学校和教师能够利用评价工具，全过程评价学生的思想政治素质的发展，并引导学生进行自我评价。教师积极探索立足专业课程和思想政治教育两个维度，对教育教学效果进行评价，从而及时改进教学工作。为促进深入交流学习，学校搭建了"师德师风建设论坛"和"课程思政"建设交流展示会等交流平台，建立课程思政优秀教师榜样群，发挥引领作用，组织各学科各专业教师深入学习和交流。

科技和社会的发展不断催生金融业发展的新领域，并对培养符合我国经济社会发展需要的高素质金融人才提出新的挑战。北京联合大学金融学专业全面践行新时代高校落实立德树人的根本任务，在专业人才培养过程中坚持"价值理性"与"工具理性"的统一，在专业思政统领下进行课程思政建设，通过规划基于 OBE 理念的金融学专业思政实施路径，优化金融学专业课程思政教学设计，打造富有铸魂育人精神的金融学专业教师队伍等途径，系统地将思想政治教育润物细无声地融入学生的职业道德与行为规范教育中，培养真正可以肩负起开启全面建设社会主义现代化国家新征程金融使命的专业人才。

第 2 章
基于 OBE 理念的课程教学设计研究

基于学习产出的教育模式(outcomes-based education，OBE)是由美国学者斯派蒂(William G. Spady)于 1981 年首次提出的，它是一种以学生的学习成果为导向的教育理念，认为教学设计和教学实施的目标是学生通过教育过程最后所取得的学习成果。美国工程与技术教育认证协会(ABET)将 OBE 理念融入工程教育认证标准。2004—2005 年，以美国为首的主要发达国家达成了本科工程教育学位的国际互认协议——《华盛顿协议》，该协议全面接受了 OBE 教育理念。2013 年 6 月，我国成为《华盛顿协议》的预备成员，经过 3 年的努力，于 2016 年 6 月成为该协议的正式会员。自此，OBE 教育也成为我国工程教育专业认证坚持的核心理念。

OBE 教育理念是以"产出导向、学生中心、持续改进"为特征的，其应用发端于工程领域人才培养，后扩展应用到医学、计算机技术、语言学、法律、经济管理等领域的人才培养。目前，国内关于成果导向教育的研究主要集中在学校或专业如何运用 OBE 教育理念进行人才培养模式改革、培养方案设计及专业认证等中宏观层面(李志义、顾佩华等，2014；申天恩，2016；王金旭、朱正伟、李茂国，2017)，在微观层面上如何将 OBE 教育理念应用在课程教学设计的研究也有一些(李志义、陈湘青等，2015；关秋燕，2016；施晓秋、申天恩，2018)，但在具体可操作性方面仍然不足，本文将试图探讨和解决这一问题。

2.1 基于 OBE 理念的人才培养特征

基于 OBE 理念的人才培养是以"产出导向、学生中心、持续改进"为特征的。"产出导向"是指成果导向教育是以"学生产出"为驱动的教育系统运作，是以学生学习成果为逻辑起点的教育理念，它关注学生"学到了什么"，而不是教师"教了什么"，这与传统上以学校投入驱动的教育理念形成了鲜明对比，从而成为一种教育范式的变革。因此，在 OBE 理念下，一切教育活动和教育过程，如培养方案制定、课程设计、教学组织、课程评估等都应围绕实现预期学习成果而展开。

"学生中心"强调基于 OBE 理念的教学模式必须以学生为主体。在教学目标上聚焦于学生的学习成果，注重学生"知识、技能、能力与价值观"的综合培养。在教学内容与方法的选择上，教学内容要紧扣教学目标，结合学生的初始能力与一般特征，采取能凸显学生学习主体地位的教学方法或教学模式，如项目教学法、案例教学法、讨论法、翻转课堂、混合式教学等，引导学生进行问题导向学习、合作探究、自主学习等。在学习空间的构建上，注重设计与规划线上与线下融合、第一课堂与第二课堂联动、物理空间与虚拟空间互补的，能满足学生多样化、个性化学习的开放式智慧学习空间。

"持续改进"是指需要建立一种机制和模式，能够持续改进专业培养目标，以保障其与人才的内、外部需求相匹配；能够持续改进毕业要求，以保障其与专业培养目标相匹配；能够持续地改进教学活动，以保障其始终与毕业要求相匹配。

2.2 基于 OBE 理念的课程教学设计思路

基于成果导向的教育教学改革是一个系统工程，需要自上而下地从学校、学院、专业到课程进行逐层推进。首先，学校应根据自身办学定位和各个教育利益相关者的需求(包括政府、企业、教师、学生、校友等)确定校级人才培养目标，各学院应立足需求确定院级人才培养目标。其次，各专业以校院人才培养目标为纲，"反向设计"人才培养方案，即根据内外部需求确定专业培养目标，将培养目标按照知识、能力和素质维度分解为毕业要求，该毕业要求即为学生完成学业后应该取得的学习成果，再将毕业要求分解为具体可测的指标点，根据指标点来搭建课程体系，确保每个毕业要求指标点都有相应的课程内容来支撑。

课程是成果导向教学模式实施的主要载体。课程层面的 OBE 教学设计主要围绕着"定义产出—实现产出—评估产出"这个闭环展开。具体来说，定义产出就是根据培养方案中的毕业要求定义课程的学习成果(即教学目标)，实现产出是指通过运用合理的教学策略(包括教学内容的选择与整合、教学方法与教学模式的设计、教学资源的构建等)使学生达成教学目标中的学习成果，评估产出是指采取多元化评价方法，聚焦学习成果是否达成。下面我们就围绕这三个方面来进行课程设计。

2.3 定义产出——课程教学目标的确定与表述

课程教学的主要目标是定义该课程的学习成果。基于 OBE 理念的课程教学目标制定应体现以下原则。

1. 教学目标需合理支撑毕业要求

可以通过梳理课程教学目标与毕业要求指标点的对应关系来确定教学目标。为了便于课程目标达成度的评价，课程目标不宜支撑两条或更多的毕业要求，但可以是一条毕业要求中的一个或多个指标点。反过来，一条毕业要求可以由多个课程教学目标来支撑。毕业要求指标点不能直接作为课程的教学目标，后者的颗粒度更小。

2. 教学目标的覆盖是多维度的

美国工程与技术认证协会(ABET)基于 OBE 理念对毕业生规定了 12 条毕业要求，除了强调专业知识、问题分析与研究、实践能力与设计解决方案以外，还关注伦理道德、领导力、沟通与合作、终身学习、社会责任感等。因此，一门课程的教学目标应该是多维度的，不能仅限于知识、理论、实践与应用等。根据布鲁姆(Bloom)的教育目标理论，教学目标涵盖认知、情感和动作技能 3 个领域。认知领域是指对知识、解决问题能力及智力技能等的学习，强调知识与能力；情感领域是指让学习者对学习产生兴趣，能够自主完成所规定的学习内容，强调态度、情感与价值观；动作技能领域则强调让学习者利用感官获得信息，通过一系列的练习从而创造出新动作，其学习的结果主要表现为行动迅速、动作流畅、精确和协调。可见，教学目标不仅涉及学生知识的增长和能力的提高，还涉及情感、态度、价值观的转变。

3. 教学目标需体现"学生中心"的理念

课程教学目标的表述应将以教师为中心转变为以学生为中心，在撰写时避免出现"让学生""使学生""指导学生""帮助学生"等以教师为中心的词语，而应当以"学生"为主语，使用显性行为动词来表述，如学生能够描述、解释、分析、设计……。

4. 教学目标需准确表述学生达到的认知层次

过去，课程教学目标的表述中经常使用"了解""熟悉""理解""掌握"等术语，但这种表述不能准确表达学生应该达到的认知层次。布鲁姆在认知领域提出了难度由低到高的 6 个层次(见表 2-1)，即记忆、理解、应用、分析、评价、创造，该框架被广泛应用于教学设计。借鉴该框架，在教学目标表述上要精选动词，准确表述学生的认知层次。不同认知层次可使用的动词，如表 2-2 所示。

表 2-1　布鲁姆关于认知领域的 6 个层次

认知层次	含义
记忆(remember)	对信息的回忆和识别
理解(understand)	能够通过解释、总结和比较等方式，获得新旧知识的联系，从而实现意义建构
应用(apply)	能够运用所学知识解决实际问题
分析(analyze)	能够将所学知识通过区分、组织和归属进行分解，确定各部分的联系
评价(evaluate)	能够依据一定准则和标准做出判断
创造(create)	能够将各要素整合为一个统一的新整体

资料来源：张燕，黄荣怀. 教育目标分类学 2001 版对我国教学改革的启示[J]. 中国电化教育，2005(7)：17.

表 2-2　不同认知层次可使用的动词

认知层次	常用动词
记忆(remember)	记忆、记得、知道、界定、定义、复述、重复、描述
理解(understand)	解释、摘要、概括、列举、举例、区分、比较
应用(apply)	运用、执行、实施、计算、完成、操作
分析(analyze)	分析、比较、归因、发现、解构、重构、整合
评价(evaluate)	评价、检查、评论、判断、批判、鉴赏
创造(create)	开发、建立、制定、解决、设计、规划、发明

资料来源：李志义. 成果导向的教学设计[J]. 中国大学教学，2015(3)：36.

5. 教学目标要做到可测可评价

为了做到教学目标的可测可评价，一方面可以从考核和评价学生的角度出发去表述该教学目标，如"记忆"层次的知识，可以用"能够复述……""能够描述……"等表述方式；另一方面，要选用表示直接行为的动词，不使用表示心智行为的动词(如了解、理解等)，如"理解"这一层次，可以使用"解释""比较"等行为动词，以保证目标的可测可评价。

2.4　实现产出

1. 教学内容的选择与整合

传统教育模式下，课程教学内容是立足学科、按照教材的顺序展开的，追求知识体系的系统性和完整性，但是在成果导向教育理念下，课程教学内容应该紧扣课程的成果目标进行选择和整合，不再追求学科体系的完备性。可以对选定的教学内容进行模块划分，构建不同模块之间的关联关系。

2. 教学方法与学习活动的适切性设计

基于 OBE 理念的教学需要教师根据"学习产出"的知识类型与教学目标层次，有针对性地选择合适的教学方法或学习活动。

根据布鲁姆教学目标分类法(2001年修订版)，知识类型从具体到抽象分为4个类别：事实性知识、概念性知识、程序性知识和元认知知识(见表2-3)。一方面，对于不同的知识类型采取不同的教学方法，如对于事实性或概念性知识而言，可以多采用自主学习、课堂讲授的教学方法；对于程序性知识，强调"知行合一""做中学"，可以多采用体验式教学、模拟实践教学、案例教学等；对于元认知知识，侧重对学生思维方式的培养，可以多采用讨论法、协作探究式学习、问题解决等。另一方面，不同层次的教学目标也应采取不同的教学方法，如记忆和理解这两个低阶的教学目标可以采用自主学习和部分课堂讲授得以实现，而分析、评价、创造这些高阶的教学目标需要更多地借助协作探究学习、讨论交流、案例教学、基于问题的教学、基于项目的教学等得以实现。这方面，可以借鉴黄荣怀教授关于知识类型、教学目标和学习活动的二维表(见表2-4)。

表2-3 布鲁姆关于知识类型的分类

知识类型	具体含义
事实性知识	独立的、特定的知识内容，如关于专有名词的知识等
概念性知识	相对于事实性知识要复杂，更有组织性，如关于理论、模型、结构的知识等
程序性知识	指导"如何做事"的知识，如关于技能、方法的知识等
元认知知识	对个体认知方面的知识，如关于策略的、任务情景和自我认知的知识等

资料来源：张燕，黄荣怀. 教育目标分类学2001版对我国教学改革的启示[J]. 中国电化教育，2005(7)：17.

表2-4 知识类型、教学目标与学习活动二维表

知识类型	教学目标层次					
	记忆(知道)	理解	应用	分析	评价	创造
事实性知识	自主学习 课堂讲授	自主学习 课堂讲授				
概念性知识	自主学习 课堂讲授	自主学习 课堂讲授 协作学习 讨论交流	课堂讲授 协作学习 讨论交流 问题解决 自主学习	协作学习 讨论交流 问题解决 总结反思	讨论交流 总结反思	

(续表)

知识类型	教学目标层次					
	记忆(知道)	理解	应用	分析	评价	创造
程序性知识	自主学习 课堂讲授	课堂讲授 协作学习 讨论交流	课堂讲授 协作学习 讨论交流 问题解决	协作学习 讨论交流 问题解决 案例分析 总结反思	讨论交流 总结反思 案例分析	问题解决
元认知知识	自主学习	协作学习 讨论交流	总结反思	总结反思	总结反思	问题解决

资料来源：黄荣怀，周跃良，王迎. 混合式学习的理论和实践[M]. 北京：高等教育出版社，2006：73.

3. 教学模式的灵活设计

基于 OBE 理念的教学强调"学生中心"，学生是学习的主体，教师是学习的指导者和引领者。同时，OBE 理念下的课程设计与教学注重个性化教学。

传统的课堂教学模式无法实现基于 OBE 理念的教学，因为它忽视了学生的学习主体地位，忽视了学生对知识需求和接受程度的个体差异，难以做到因材施教。随着信息技术与互联网的发展，网络学习的兴起打破了传统教学"以课堂为中心"和"以教师为中心"的局面。然而，纯粹的网络学习也存在诸多不足，如由于缺乏面对面的师生交流，学生难以得到教师的及时反馈与帮助；同时，由于缺少教师的管理与约束，自我管理能力较差的学生学习效率较低。

鉴于传统教学模式和网络学习模式各自的优势与不足，混合式学习(blended-learning)模式应运而生，它是一种将传统的课堂教学模式与网络学习有机结合起来的学习模式。混合式教学(blended-teaching)是随着混合式学习的兴起而发展起来的一种教学模式，这种教学模式既体现了学生学习的主体地位，又充分发挥了教师的组织、引导和管理作用，为学生创造了个性化学习、讨论交流合作学习和深度学习的机会，有利于培养学生的自主学习能力、合作探究能力等，从而实现非技术性的教学目标。

为此，专业课程可以选择 MOOC(慕课)平台，构建基于 OBE 理念的 SPOC(small private online course，小规模限制性在线课程)"混合式教学模式"(见图 2-1)。该模式主要分为三部分：前期分析、以学生为中心的学习过程设计、评价设计。其中，前期分析主要根据 OBE 理念确定教学目标与教学内容，并结合学习者分析(包括初始能力、学习风格、一般特征等)对学习过程进行弹性设计；学习过程设计分为课前线上学习、课堂线下学习、课后学习 3 个阶段，其中记忆、理解类的教学内容主要通过线上学习完成，课堂上主要完成应用、分析、评价、创造类的教学内容，学习过程设计要重点进行"资源设计"和以学生为中心的"教学活动设计"，鼓励学生进行自主学习、合作学习，做好互动、反馈与激励；评价设计包括线上学习与线下学习的形成性评价，再结合线下期末测试进行总体评价。课程评价是立足学生的学习产出数据对课程教学目标的达成度进行评价，其结果是课程教学持续改进的重要依据，可以反馈到教学目标和教学内容的前端设计，也可以反馈到具体的学习过程设计，形成一个课程内教学循环圈，实现课程的持续改进。

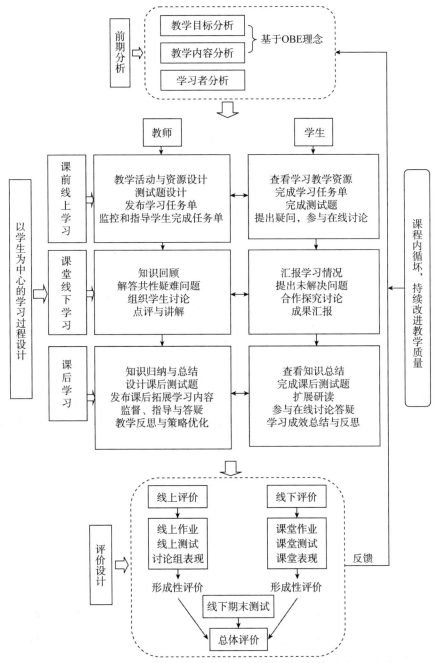

图 2-1 基于 OBE 理念的专业课程混合式教学模式

4. 教学资源的优化与整合

教学资源是实施课程的必要条件。传统的静态纸质课程教学资源(如教材、案例集、参考书等)无法满足 OBE 理念下的课程建设,因为 OBE 强调"学生中心",鼓励自主学习、个性化学习及协作交流。因此,有必要依托网络教学平台上的优质共享学习资源,引进 MOOC 等外部学习资源,同时在 SPOC 中自建线上学习资源,构建线上与线下结合的课程教学资源库(见图 2-2)。

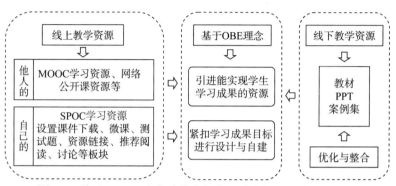

图 2-2　基于 OBE 理念构建线上与线下结合的课程教学资源库

资料来源:作者自行整理

在成果导向教育理念下,课程教学资源的构建需要注意以下几方面。首先,教学资源不能盲目地堆积,无论是线上资源还是线下资源,都需要围绕课程学习成果(即教学目标)的实现进行引进、优化、整合与自建,使之聚焦于学生学习成果的达成。其次,要注意资源设计的多样性,以满足不同学习风格的学生对不同类型教学资源的需求,从而提高学生的学习兴趣,促进其主动学习。再次,教学资源需要动态优化、整合和更新。教师可以通过 SPOC 平台查看学生使用教学资源的情况,从而对教学资源的有效性、利用率做出评价,据此对教学资源实现优化、重组或者新建。最后,要注意资源利用的知识产权问题。

2.5　评估产出

1. 课程考核方案设计

在 OBE 教育理念下,课程考核设计应注意以下原则。第一,注重将过程性考核与终结性考核相结合。过程性考核通过检查与跟踪学生的阶段性学习成果与学习状态,分析其中存在的问题及其成因,并及时反馈到教学实施过程,予以改进和补救,促进课程教学目标的渐进式达成;终结性考核是判断学生在完成课程学习后,是否实现了学习成果。第二,考核内容应紧扣课程教学目标,注重知识考核、能力考核和素质考核并重。第三,考核主体应该多元化,鼓励师生互评、学生自评、学生与学生之间互评等形式,改变过去以教师为主体的评价形式。

一般来说，课程考核的设计主要分以下步骤。第一，立足课程教学目标，明确考核方式，梳理教学考核方式与教学目标的对应关系。第二，明确每种考核方式的评量标准。当学习成果的考核方式属于量化评价时(如测验、期末考试)，教师需要制定"测验蓝图双向细目"表(见表2-5)，梳理清楚教学目标、教学内容与试题形式的关系，以此确定试卷的品质，避免命题偏离教学目标。当学习成果的考核方式属于质性评量时(如项目成果展示与交流、实践报告等)，教师需要设计"评量尺规双向表格"(见表 2-6)，构成要素包括评量说明、评量向度(评量准则)、评量尺度(分数参考值)和向度描述，如果在评分中采用了学生自评、学生互评、教师评价等多种形式，可以再自行设计学生自评表、互评表与教师评价表。

表 2-5 测验蓝图双向细目表

教学内容	试题形式	教学目标层次						合计题数	百分比
		记忆	理解	应用	分析	评价	创造		
单元一	选择题								
	判断题								
	简答题								
	计算题								
	案例题								
	论述题								
	其他								
	小计								
单元二	……								
合计	……								

资料来源：王晓典. 成果导向高职课程开发[M]. 北京：高等教育出版社，2016：154. (略有改动)

表 2-6 评量尺规双向表格

评量说明：描述该尺规运用在何种作业						
评量向度	A(优)	B(良)	C(中)	D(及格)	E(不及格)	得分
分数参考值	90～100	80～90	70～80	60～70	60以下	
向度1(40%)	向度1优秀标准描述	向度1良好标准描述	向度1中等标准描述	向度1及格标准描述	向度1不及格标准描述	
向度2(30%)	向度2优秀标准描述	向度2良好标准描述	向度2中等标准描述	向度2及格标准描述	向度2不及格标准描述	
向度3(30%)	向度3优秀标准描述	向度3良好标准描述	向度3中等标准描述	向度3及格标准描述	向度3不及格标准描述	

资料来源：王晓典. 成果导向高职课程开发[M]. 北京：高等教育出版社，2016：158. (略有改动)

2. 课程目标达成度评价的设计

基于 OBE 理念的核心是学生质量。学生质量是由毕业要求达成度来衡量的，毕业要求达成度的评价一般采取定量和定性相结合的方式进行。而课程目标达成度评价是评价毕业要求达成的重要方面，为毕业要求达成度评价提供基础。

比如，当课程属于专业核心课时，拟采用"课程考核成绩评价法"评价课程目标达成度。实施这种方法，应先确定支撑每条毕业要求指标点的课程，根据课程对该毕业要求指标点贡献的相对程度，赋予对应课程对相关毕业要求指标点的贡献度权重，每个毕业要求指标点权重值之和为 1。然后，将该门课程学生的考核结果(包括试卷、作业、报告、设计等成果)作为评估数据，对课程目标达成度进行计算。计算公式为

$$评价值 = 指标点权重 \times (相关考核平均值 / 该项考核总分值)$$

例如：基于表 2-7 可以计算每一个教学目标的达成度。对于教学目标 1，考核总分值为 35 分，对应的达成度目标值为 0.3，若某班在该教学目标下的平均成绩为 28 分，则该班在教学目标 1 对毕业指标点 3-2 的达成度为 $0.3 \times (28/35) = 0.24$。通过计算每一个教学目标的达成度，从而检测是否实现课程的教学目标，最后根据评价结果，提出课程的持续改进措施，形成闭环的课程教育教学质量优化过程。

表 2-7 ×××课程教学目标、考核方式与毕业指标点达成度的对应

教学目标	对应的考核方式	对应分值	总分值	对应的毕业指标点	指标点权重(达成目标值)
教学目标 1	1. 作业 2. 新闻发布 3. 期末考试	10 5 20	35	3-2	0.3
教学目标 2	1. ×××实践报告 2. ×××方案设计 3. 期末考试	10 15 10	35	6-2 6-3	0.3 0.3
教学目标 3	1. 研究报告 2. 期末考试	10 10	20	3-3 10-3	0.3 0.3
教学目标 4	研究报告的成果展示与交流	5	5	10-3	0.3
教学目标 5	实践报告中的职业道德部分	5	5	8-3	0.1

资料来源：作者自行编制

总之，基于 OBE 理念的课程教学设计颠覆了传统模式的课程教学设计，它是一个基于学生学习成果的反向设计过程，有效地解决了课程教学"学什么(目标)""为什么学(需求)""如何学(过程)""如何证明学会了(评价)"等问题。但是在实际应用中应避免教条化，因为从静态来看，不是所有的学习成果都能被清晰地表述，一些隐性的学习成果(如人格品质、学习习惯、思维特质等)无法准确衡量；从动态来看，学习成果是变化的，在社会环境飞速变化的时代如何前瞻性地描述"未来学习成果"是一个难题。

第 3 章
金融学专业课程思政的教学设计

课程是学科知识的整合，是学科和专业发展的支撑，金融学专业课程思政是指将思想政治教育渗透到金融学专业知识、经验或活动的教育过程中，是价值理性与工具理性的统一。从课程角度来看，课程思政是基于教育对象的身心特征，通过科学规划和系统设计，使思想政治教育与专业课程设计及实施紧密结合，挖掘专业课程所蕴含的思想政治教育元素，把做人做事的基本道理、社会主义核心价值观的要求、实现民族复兴的理想和责任融入专业课程教学，实现课程思政建设与思政课改革同向同行。因此，需要在课程设计时将思想政治教育融入目标、内容、方法和评价体系中，达成"高度、力度、温度、效度"等方面的目标。

1. 确立明确的教学目标，找准立足点，让课程思政有高度

课程目标是指课程本身要实现的具体目标和意图，它规定了学生通过课程学习以后，在品德、智力、体质等方面的发展程度，是确定课程内容、教学目标和教学方法的基础。课程目标是指导整个课程编制过程最为关键的准则，有助于明确授课意图，使各门课程不仅符合金融学科的逻辑体系，还关注教师的教与学生的学，以及课程内容与社会需求的关系。为贯彻课程思政理念，在编制金融学专业课程大纲时，将布鲁姆教育目标分类中情感的高阶目标引入课程目标，融入晓大义、明大理、怀大爱的思政元素，改变在专业课程教学中注重知识和能力而忽视素质教育的问题。

北京联合大学金融学专业在各门课程的大纲编制过程中将价值目标列入课程具体目标，并根据不同课程的特点进行了目标设定，而且要形成课程目标对毕业要求的有效支撑。如金融学课程的价值目标为：学生能够牢固确立金融助力实体经济、服务于国家发展战略的基本价值立场；能够灵活运用金融学基本原理自主思考并创造性地解决问题；能够自觉杜绝生搬硬套西方金融的理论和观点，坚持把计划和市场"两只手"结合起来的中国特色金融理论。中小企业金融服务课程的价值目标：引导学生关注国家利用普惠金融来扶持中小企业发展，尤其是通过普惠金融来提高中小企业的科技创新能力的相关政策，认识普惠金融对促进社会公平所发挥的重要作用。价值目标的确定，改善了传统课程教学目标的工具理性，让课程思政更具价值高度。

2. 深度融入专业性知识，找准着力点，让课程思政有力度

课程目标明确了课程思政建设的核心点和关键点，课程内容是实现思想政治教育与专业课程匹配和对接的关键。专业任课教师需要挖掘本门课程的思想政治教育内涵，根据课程对象，系统设计与规划思想政治教育内容，才能有效推进专业课程与思想政治理论课的同向同行。而使思政教育能够"入脑""入心"的最有力度的方式就是用专业知识、严谨的科学思维帮助学生解决现实生活给他们带来的困惑，甚至误解。启人以大智，在让学生学好课程知识的基础上，引导学生将所学的知识转化为内在的金融职业操守与道德规范，也培养学生对金融学专业的热爱。

金融学专业课程的教学内容注重融入学科发展动态和中国金融实践的新问题，以专业理论帮助学生解开对现实问题的、由众说纷纭的观点所造成的困惑。例如，在新型冠状病毒肆虐的情况下，口罩成为生活必需品，面对突如其来的需求量，一些商家恶意哄抬口罩价格，以至于人们在热门社交软件上经常看到"发国难财""天价口罩"等字眼。有观点认为，口罩涨价是市场供需关系决定的，具有合理性。针对这个观点对学生造成的困扰，经济学任课教师以"经济学中企业的道德情操和社会责任"作为思政教育的切入点，讲述微观经济学的市场理论建立的基本假设是：理性人、完全竞争和完全信息，当市场失灵时，政府必须强制介入。供求关系决定价格的重要前提是完全竞争市场，最大的特点就是商家无法操纵商品价格。"发国难财"的商家不是由供需决定价格，而是利用人民的恐慌和急需，进行价格操纵，市场已经失灵，政府必须介入调整价格。经济学中的理性包括短期理性和长期理性，企业社会责任感是长期理性，个人或者企业不能盲目地追求利益至上，要有道德底线，要对社会负责。专业课程通过对现实问题的分析，培养学生的严谨思维，让课程思政有力度。

3. 有机结合社会大课堂，巧设切入点，让课程思政有温度

师者也，教之以事而喻诸德者也。在金融学专业授课过程中，教师根据不同的教学内容深入挖掘思政元素，通过案例教学、体验式教学等教学方法，密切关注金融行业的动态，用社会事，讲身边人，采用与学生平等的方式进行交流与互动，树人以大德，感人以大爱，将隐性教育与显性教育相结合，构建全课程育人环境。

瑞幸咖啡的促销策略吸引了大量大学生消费群体，"2020年瑞幸咖啡被浑水公司做空事件"引起了学生们的广泛关注，这是一个涉及公司金融、金融市场学等多门课程教学内容的生动案例，课程群教师进行充分研讨后，公司金融课程在财务报表分析的教学过程中分析瑞幸咖啡财务报表，嵌入"不做假账"和"敬畏市场"的思政元素。金融市场学课程

在海外上市融资的教学内容中，分析海外上市公司的造假行为对中国公司声誉的影响，通过案例研讨，既帮助学生理解金融市场的做空机制，又引导学生认识到上市公司的财务造假行为不仅会造成投资者的损失，更会对中国海外上市公司的声誉造成巨大的负面影响。课程中通过这些案例强调"诚信"的重要意义，以此加深学生对社会主义核心价值观的认识，并进行职业操守与职业道德教育。

第二课堂是组织学生进行课程思政体验式教学的有效路径，金融学专业的学生社团"金融理财协会"与金融机构合作，多次组织"金融理财进社区"的公益活动，使学生了解社区居民在金融理财方面的种种困扰，并在教师的指导下向居民普及金融投资风险等金融知识，体验金融从业人员的职业规范。金融学专业的学生还编排了以"金融防诈骗"为主题的情景剧，介绍大学生服务社区的实践项目，被千龙网等媒体公开报道。教师采用体验式教学方法，引导学生关注社会事件，让课程思政更有温度。

4. 采用多维度学习评价，把握关键点，让课程思政有效度

课程评价是一个价值判断的过程，课程思政的评价应摒弃功利性的评价思想，以关注过程、关注态度、关注行为和关注个体差异为准则，达到对"在价值传播中凝聚知识底蕴，在知识传播中实现价值引领"的育人价值的聚焦，让学生学会不以一时一刻的成败论英雄，立人以大志、养人以大气。

为了有效评价课程思政的效果，金融学课程在多维度学习评价指标中引入思政评价标准，如金融营销课程的教学考核设置了"模拟展业"环节，在考核指标中设置"金融职业规范"的考核标准，学生组成小组模拟金融营销行为；国际金融课程的考核环节要求提交一份"外汇走势分析与交易实践报告"，教师把"交易实践中应遵守的职业道德"作为考核指标之一，具体评价课程思政的教学效果。2020年，新冠疫情推进了线上教学评价的改革，金融学专业教师充分利用"慕课程""云班课"等教学工具，组织学生开展"轻直播""头脑风暴"等教学活动，通过学生的发言、上传的图片和视频，关注学生的态度和行为，将金融职业"公正、平等、诚信"的核心要素纳入考核指标，全面评价学生的学习效果，让课程思政有效度。

课程篇

随着大数据、区块链、云计算、人工智能等新兴技术在金融领域的广泛应用，金融行业的原有业务逻辑、产品设计流程、风险管理等环节得以重构，社会对金融人才的需求正在发生很大的变化，金融领域中重复性的工作逐渐被人工智能所取代，金融机构纷纷用科技赋能金融，既懂金融又懂技术的复合型人才需求急剧增加，与社会需求相适应，金融学科和数学、信息技术交叉融合的程度日益加深，金融学科在原有工程化、实证化的基础上，开始凸显技术化、编程化。以金融工程、金融数学、金融计量与统计、计算机语言与编程为抓手的量化类金融课程日益增多，这类课程特别强调"工具理性"，要求学生具备较好的数理基础和计算机基础，才能掌握相应的知识点、操作流程和技术手段的综合运用。然而，金融学属于应用经济学，归根到底是一门社会科学，是要解决现实中的社会经济金融问题的。社会科学强调"道"的辨识，强调"价值理性"的认同。任何金融活动都有内在的伦理内涵，不能将价值判断排除在外。在技术推进的金融创新浪潮中，做正确的事情比正确地做事更重要，因为前者关乎价值观，它是"价值理性"；而正确地做事关乎方法论，是"工具理性"。因此，金融教育应该是工具理性和价值理性的融合统一。工具理性使学生拥有从业的资格和立业的资本；价值理性使学生遵守金融伦理和职业道德，并且心怀理想、信念和责任。在当前金融教育普遍注重"工具理性"的环境下，如何彰显金融教育的"价值理性"，这恰恰需要从"课程思政"的角度予以强化。即金融学专业课程教学目标不仅包括学生知识的增长和能力的提高，还包括情感、态度、价值观的转变，而这些情感、态度、价值观的教育要求，恰恰是专业课程思政教育的落脚点。因此，专业教师应充分认识到专业课程需发挥价值引领功能，进行课程思政建设，从而实现知识传授、能力培养和价值引领的协同育人功能。

课程篇基于金融学专业课程特点，明确思政目标，研究课程思政教育的切入点及教学实施路径，并列出课程思政教学设计范例，为金融学专业课程思政的教学研究与实践提供参考。

第 4 章
金融学专业基础课程

4.1 微观经济学课程思政建设

4.1.1 课程简介和目标

1. 课程简介

"西方经济学"(微观经济学部分)是金融学专业的专业基础课,旨在引领学生了解供求、消费、成本、生产、竞争等相关概念,使学生掌握以价格理论为中心理论,包括价格理论、消费者行为理论、生产者行为理论、市场理论、分配理论及市场失灵和微观经济政策,并由此来认识经济社会的运行。

本课程综合运用讲授、启发、讨论、案例等多种教学手段,使学生在了解、认识和掌握微观经济学的基本理论和基本分析方法的基础上,提高抽象思维能力和逻辑思维能力,培养学生运用经济学的分析方法分析问题和解决问题的能力,并使学生了解某些西方经济理论对我国当前的经济改革开放的借鉴作用,帮助学生理解当今经济生活中的各种经济现象,使学生全面系统地认识市场经济及其发展的规律性,并能较为熟练地解决现实经济问题。

2. 课程目标

微观经济学课程为专业基础课程。通过本课程的教学,学生能够达到以下目标。

(1) 知识:学生能够掌握微观经济学的基本概念、基本思想、基本分析方法和基本理论,对微观经济运行有一个比较全面的了解,建立微观经济运行的基本分析框架。

(2) 应用:学生能够运用微观经济理论解释和分析社会生活中出现的经济现象、财经热点。

(3) 整合：学生能够利用微观经济学的基本原理理解日后会学到的其他专业课的相关知识。

(4) 情感：学生能够理解经济人利他与利己的矛盾与特性，并最终形成适合市场经济发展的商业伦理观念，能够辨识商业行为与决策的合规性。

(5) 价值：学生能够理解并拥护国家经济政策，提升民族自豪感，增强理论自信、道路自信，能够在国际视野下认同中华民族的根本价值。

(6) 学习：学生能够利用 MOOC、微课等线上学习课程和资源，开展自主学习，提升自主学习能力。

4.1.2 课程特点与思政目标

微观经济学课程是本科阶段西方经济学学习的一部分，是随着近代资本主义发展而逐渐产生、成形的一门学科，其本质上是西方经济学家对资本主义生产关系、基本要求在观念上、理论上的总结。因此在学习本门课程的过程中，一方面要注意借鉴可以为我所用的、符合中国国情的元素；另一方面要坚持以马克思主义为指导，坚持用历史唯物主义、辩证唯物主义的观点辩证地看清问题。尤其是在社会经济新现象、新问题、新事件层出不穷的时代环境下，根据微观经济学的特点，如何辩证地、发展地、批判地、实事求是地对待西方经济理论成为本门课程思政建设的重中之重。为此，本课程确定了道路自信、理论自信、制度自信、文化自信等多个思政教育切入点，并挖掘了相应的思政元素，如表 4-1 所示。

表 4-1 微观经济学课程思政教育切入点和思政元素

思政教育切入点	思政元素
制度自信、道路自信	马克思主义经济学与西方经济学的区别
	中国特色社会主义经济特征
文化自信	中国经济成就
	中国经济思想
创新精神、实事求是	中国企业、中国企业家
国家战略	一带一路、脱贫攻坚、共同富裕
国家智慧、国家榜样	中国经济学家

由此，微观经济学的教学在课程思政方面达到如下效果：首先，坚信马克思主义与中国特色社会主义道路；其次，通过微观经济学的学习增强学生对国家经济政策的理解和认同；再次，通过课上中外经济思想的对比、中国经济的崛起等内容的介绍，加深民族认同感与家国情怀；最后，微观经济学思政效果也为金融专业的专业思政目标(培养兼具专业知识与人文素养、兼具国际视野与家国情怀、兼具职业精神与社会责任感的高水平

应用型人才,成为支撑新金融战略发展、提供为数字经济服务的金融行业骨干)提供了有力的支撑。

4.1.3 课程思政教学实施路径

1. 课程内容与思政元素

根据教学目标覆盖"知识+能力+价值塑造"的要求并立足微观经济学的课程特点和思政元素,我们对教学内容进行了优化重塑,构建了"知识探究—能力培养—价值塑造"三位一体的课程思政内容体系,使得教学内容可以按照"知识—理论—价值"的逻辑框架展开,进而梳理每章的思政素材,以使课程思政"如盐入水"地融入教学(见表4-2)。

表4-2 微观经济学课程思政教学内容设计

周次	章节	主要内容	课程目标	思政素材
1	导论	经济学的定义,微观经济学框架图	了解西方经济学的研究对象与研究方法,理解微观经济学所包含的内容与基本假设等(价值、情感)	中国经济思想与西方经济学的区别
2	供求论(上)	供给与需求,均衡价格	理解供求模型,并可以运用该模型解释经济现象(知识、整合、应用)	价格与资源配置及其对国家发展的重要作用
3	供求论(下)	价格弹性	理解和掌握商品弹性的概念、计算方法(知识、应用)	中国古代的经济学案例:"丰年米贵"
4	效用论(上)	效用与基数效用论	理解掌握效用与基数效用论下的消费者均衡(知识、价值)	认识"消费主义"、理性消费
5	效用论(下)	无差异曲线	掌握无差异曲线,并用此解释相关经济现象(知识、应用)	历史上的"吉芬难题"
6	生产论(上)	生产函数、边际报酬及其递减规律	掌握生产和生产函数的概念及相关计算(知识、学习)	生产理论与创新创业
7	生产论(下)	生产者均衡	能够掌握生产者均衡的图示与计算方法(知识、应用)	996现象、个体与总体的关系
8	成本论(上)	机会成本与成本函数	能够掌握机会成本、经济成本、会计利润和经济利润的概念(知识、整合)	认识生活中的成本现象
9	成本论(下)	各种成本函数之间的关系	能够理解并掌握利润最大化的原则(知识、学习)	选择的代价:一家打印店的故事

(续表)

周次	章节	主要内容	课程目标	思政素材
10	期中复习课			
11	完全竞争市场(上)	市场结构、完全竞争	了解和掌握完全竞争市场的概念、特点、形成条件(知识)	认识我国各类产品市场的竞争特征
12	完全竞争市场(下)	完全竞争厂商的均衡	能够掌握完全竞争市场的长短期均衡条件并利用图形进行解释(知识、应用)	我国的农产品价格与农业政策
13	不完全竞争市场(上)	完全垄断	了解和掌握完全垄断市场的含义、条件及均衡情况(知识、学习)	认识品牌与市场的关系
14	不完全竞争市场(下)	垄断竞争	能够掌握垄断竞争市场的特点、长短期均衡情况(知识、学习)	著名品牌的竞争力
15	其他	生产要素、一般均衡、外部性等内容	掌握生产要素的市场需求特点、洛伦兹曲线与基尼系数等(知识、应用)	博弈论在日常生活中的应用
16	总复习			

2. 案例教学法

微观经济学的相关理论比较抽象，如果学生在分析理论过程中不能把所学内容及现实生活进行关联，学生会感觉学习过程缺乏趣味，进而影响思政融入的效果。因此，在教学过程中应引进生活案例，对其进行充分讨论，以对微观经济学基础理论进行解释，促使学生思维足够活跃。依托诸多和生活存在关联的实例，加深学生对知识的理解，全方位明确经济学原理不仅是一门学问，还是人们认真生活的指南，训练学生用理论解释现实、将理论应用于现实，为进一步地做好价值塑造打下基础。

3. 基于文献阅读的启发式教学

微观经济学的理论内容大多是在资本主义发展过程中形成的，对这些理论内容的教学要坚持以马克思主义为指导，结合历史唯物主义、辩证唯物主义的方法，严谨地、客观地、发展地、思辨地、实事求是地分析问题。因此，在教学的过程中，需要介绍有关经济学思想的相关文献，并以马克思主义为指导，结合中国国情，引导学生阅读、理解、思辨、讨论，最终在从多角度认识书本内容的同时，树立道路自信、理论自信、制度自信、文化自信等思政目标。

4. 思政效果的考核方式

微观经济学的课程考核主要遵循以下原则：①过程性考核与终结性考核相结合；②线上考核与线下考核相结合；③知识考核、能力考核和价值考核并重。课程思政的效果考核，将有机融入以上3个方面的内容(见表4-3)。

表 4-3　微观经济学课程考核方式及内容

考核方式		考核内容	占比	课程目标					
				知识	应用	整合	情感	价值	学习
过程性考核	在线学习	学生在指定的包含思政元素的网络资源中的学习表现,包括学习记录、课后习题得分	10%	✓			✓	✓	✓
	阶段测试	学生对各内容模块的重点知识掌握情况(含思政元素的理解掌握)	10%	✓				✓	
	经济数据分析报告	学生搜集我国经济数据,通过数据来了解我国经济运转情况	10%		✓	✓		✓	✓
	经济问题分析报告	学生针对热点经济问题,运用所学微观经济学知识,进行充分分析与论证	20%		✓	✓	✓		
终结性考核	期末考试	全面掌握所有学习内容	50%	✓					
		总计	100%	✓	✓	✓	✓	✓	✓

4.1.4　课程思政教学设计

微观经济学课程思政教学设计范例具体如下。

微观经济学课程思政教学设计范例

○ **教学内容**　经济学导论
○ **教学目标**
(1) 了解"经济"二字与"economy"的关系。
(2) 理解什么是"西方经济学"。
(3) 了解什么是微观经济学与宏观经济学。
(4) 了解西方经济学的研究方法与学习方法。
○ **教学方法**　启发式教学、讨论式教学
○ **思政元素**　中国传统文化、马克思主义经济学、中国国情与实事求是
○ **教学过程**

1. 关于"经济"与"economy"之间的关系

通过以下两张幻灯片了解中国传统文化中"经济"与现代"economy"的区别,了解中国传统文化中的"家国观"。

2. 了解西方经济学的发展脉络

通过这一部分的讲解让学生理解"西方经济学"的产生过程及其适用性。

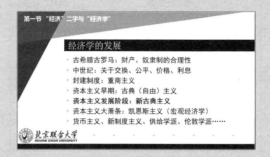

3. 西方经济学传入中国的过程

通过引导学生阅读下面两篇文献,让学生了解西方经济学传入中国的过程,并由此进一步强调西方经济学在当今中国的适用性。

4. 马克思主义经济学与如何学习西方经济学

通过以下3张幻灯片,让学生了解马克思主义经济学与西方经济学的区别,以及如何学习和看待西方经济学。

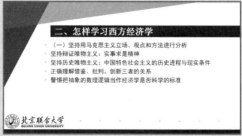

最终达成道路自信、理论自信、制度自信、文化自信等课程思政目标。

4.2 宏观经济学课程思政建设

4.2.1 课程简介和目标

1. 课程简介

宏观经济学课程是经管类专业的理论基础课,是西方经济学课程的重要组成部分。本课程着重于对"三基"(基本概念、基本理论和基本分析方法)的锻炼,为专业课的学习打下良好的理论基础和方法论基础。本课程的主要内容包括国民经济宏观数据、国民收入决定、产品和货币市场的一般均衡、失业与通货膨胀、宏观经济政策、经济增长等。

本课程综合运用讲授、启发式教学、讨论教学、案例教学等多种教学方法,使学生掌握宏观经济学基本理论和基本分析工具,具备运用所学知识认识、分析宏观经济现象和宏观经济政策的能力。

2. 课程目标

宏观经济学课程为学科大类必修课程。通过本课程的教学,学生能够达到以下目标。

(1) 知识:学生能够熟练掌握国民收入核算,收入支出模型、IS-LM 模型、总供求分析、通货膨胀与失业、宏观经济政策、经济增长理论的基本知识;能够了解宏观经济学领域的发展现状与趋势。

(2) 应用:学生能初步运用宏观经济学的相关知识和分析工具对有关经济现象进行分析和评价,并对其主要流派及其观点有一定了解。了解当前经济发展阶段及存在的问题,并能提出相应的解决办法。

(3) 整合:学生能够通过查阅文献、报刊及网站等,结合其他专业知识,整合应用经济学的基本原理分析,评价那些已经或正在发生的重大经济问题。

(4) 情感:学生能够参与协作学习,具有团队合作意识,能够就经济问题撰写报告,进行成果展示和有效沟通与交流。

(5) 价值:学生能够系统了解宏观经济的运行,具有经济学的逻辑思维能力、独立学习和分析能力,关心国计民生,具有经世济民的情怀及意识。

(6) 学习:学生能够利用 MOOC、微课等线上学习课程和资源,开展自主学习,提升自主学习能力。

4.2.2 课程特点与思政目标

宏观经济学课程具有较强的理论性、实践性和思辨性。一方面,该课程在理论层面关注宏观经济模型演变,要求学生掌握必要的宏观经济学基础理论知识,如宏观经济指标、国民收入决定、通胀和失业、经济增长等方面的基本概念和基本理论;另一方面,该课程在实践层面关注国家宏观经济政策,要求学生能运用宏观经济学理论客观地认识和评价宏观经济发展问题,正确分析、解读、预测宏观经济政策;同时,经济学来源于西方,社会主义市场经济与西方市场经济运行方式存在着显著差别,支撑中国经济发展的理论来源既不是马克思主义的经典论述,也不是西方现有的主流经济学理论,而是根植于中国国情的经济实践,学生应能够系统地运用中国特色社会主义理论来理解当代中国经济发展的道路和成功经验,形成科学评价的思辨能力。

基于课程的特点,本课程的思政目标是结合中国特色社会主义理论,深入阐述经济学原理在中国实践中的运用,培养学生理论联系实际能力,引导学生关注不同阶段中国经济发展成就及宏观经济政策应用,深入理解中国面临的国际形势和政策制定实施的合理性,树立道路自信、理论自信、制度自信、文化自信,培养学生的社会主义核心价值观和思辨能力。本课程在教学目标的设定中融入思政内容,从社会主义核心价值观、思辨能力和中国智慧3个方面进行切入,深入挖掘思政资源,如表4-4所示。

表4-4 宏观经济学课程思政教育切入点和思政元素

思政教育切入点	思政元素
社会主义核心价值观	爱国
	平等、公正
思辨能力	批判性思维
	国际视野
中国智慧	中国成就
	道路自信
	科学发展观
	创新

宏观经济学课程思政的三大目标:首先,培养学生对社会主义核心价值观的认同,激发学生爱国、平等、公正的情怀;其次,培养学生的思辨能力,学生应具备国际视野,能对西方经济理论批判式吸收;最后,深入理解经济发展中的中国成就和中国智慧,树立制度自信和道路自信。宏观经济学课程思政目标为培养具备社会主义核心价值观和思辨能力,能够系统运用中国特色社会主义理论来解释中国经济发展的高水平应用型人才。

4.2.3 课程思政教学实施路径

1. 课程内容的思政元素

根据教学目标覆盖"知识+能力+价值塑造"的要求,以及课程特点和蕴含其中的思政元素,对教学内容进行整合,构建了"知识—能力—价值"三位一体的教学内容体系。具体来说，教学内容按照"基础知识—理论模型—政策分析"的逻辑框架展开，梳理出每章的思政内容或案例及思政元素(见表 4-5)。

表 4-5 宏观经济学课程的思政内容或案例及思政元素

模块	章	节	思政内容或案例	思政元素
基础知识模块	第 1 章 宏观经济的基本指标及衡量	第 1 节 国内生产总值	中国 GDP 发展变化；绿色 GDP	爱国、道路自信、科学发展观
		第 2 节 价格水平及其衡量	欧洲国家的通货膨胀	国际视野、批判性思维
理论模型模块	第 2 章 短期经济波动模型——产品市场的均衡	第 2 节 消费需求和储蓄	消费和储蓄的国际比较；节俭是否是美德	国际视野、辩证思维
		第 6 节 影响需求的重要因素——乘数	是破窗理论，还是破窗谬论；新基础设施投资	批判性思维、中国成就、创新道路自信、平等
	第 3 章 短期经济波动模型——产品市场和货币市场的共同均衡	第 2 节 货币市场的均衡	次贷危机后的流动性陷阱；国际利率水平变动趋势	国际视野、批判性思维
	第 4 章 短期经济波动模型——总需求—总供给分析	第 1 节 总需求曲线及其变动	2020 年新冠疫情对世界各国需求的影响	国际视野、道路自信、创新
		第 2 节 总供给曲线及其变动	供给侧结构性改革	创新、科学发展观
		第 3 节 总需求—总供给模型	双循环发展格局的构建	中国成就、创新、科学发展观
实践模块	第 5 章 失业通货膨胀和经济周期	第 1 节 失业	中国劳动参与率的世界比较	爱国、道路自信
		第 2 节 通货膨胀	新冠疫情后通货膨胀的国际比较	国际视野、批判性思维
	第 6 章 经济增长和经济发展	第 1 节 经济增长的描述和事实	中国经济增长历程	中国成就、爱国、道路自信、创新
		第 4 节 内生增长模型	中美科技竞争；内生增长理论	创新、中国成就、爱国、道路自信、平等、公正
		第 5 节 促进经济增长的政策	中国创新能力的崛起之路	创新、中国成就、道路自信
	第 7 章 宏观经济政策	第 2 节 财政政策	以公共风险为导向的财政政策	科学发展观、平等、创新
		第 3 节 货币政策	大水漫灌与精准滴灌	科学发展观、创新

2. 学习和教学活动

宏观经济学课程重在讲授宏观经济的基本范畴、基本原理、基本方法，以培养学生对经济理论的兴趣和经济学思维。在教学过程中，以学生为主体，从中国丰富的宏观经济实践案例入手,将思想政治教育贯穿宏观经济学教学的整个过程,培养学生树立正确的人生观和价值观。充分利用多媒体等现代化教学手段,导入思政案例,采用启发式、讨论式、案例分析等教学方法,引导学生关注中国经济现象,对重点内容进行深入分析,循序渐进。在基础知识讲解中,贯彻精讲的原则,突出重点,重视推导,加强学生对基本概念、基本理论的理解;在案例的分析中,坚持理论和实践相结合的原则,对学生的讨论进行有效引导,引发学生进行深入思考;课后要求学生合作撰写课程报告,以提高学生对宏观经济学课程基本概念的深入理解。

3. 思政教育的考核方式

立足OBE成果导向教育理念,宏观经济学课程遵循以下原则进行考核:①过程性考核与终结性考核相结合;②线上考核与线下考核相结合;③知识考核、能力考核和价值考核并重。

在思政教育考核方面,特别强调学生的学习态度和行为表现,使学生做到学习态度端正,按时出勤、认真听讲、诚信考试,在课上和课下积极参与宏观经济学案例讨论和报告撰写,深入思考。

宏观经济学课程的考核方式、考核内容、相应权重与对应评价的课程目标如表4-6所示。

表4-6 宏观经济学课程考核方式及内容

考核方式	考核内容	所属章(单元)	相应权重	占比(合计100%)	课程目标					
					知识	应用	整合	情感	价值	学习
过程性考核	考勤	考核学生学习态度和行为表现	一、二、三、四、五、六、七	25%	50%	√			√		√
	作业	考核学生对于宏观经济学基础知识、基本理论的识记、理解和应用能力	一、二、三、四、五、六、七	25%		√	√				
	课堂测试	考核学生国民收入核算方法,国民收入决定理论,IS-LM分析、AD-AS模型理论部分知识的掌握和运用能力	一、二、三、四	25%		√	√				

(续表)

考核方式	考核内容	所属章(单元)	相应权重	占比(合计100%)	课程目标					
					知识	应用	整合	情感	价值	学习
过程性考核	研究报告	一、二、三、四、五、六、七	25%	50%(续)	√	√	√	√	√	√
小计			100%							
终结性考核	期末闭卷考试	一、二、三、四、五、六、七	100%	50%	√	√	√		√	

4.2.4 课程思政教学设计

以下是宏观经济学课程思政教学设计范例。

宏观经济学课程思政教学设计范例

○ **教学内容** 影响需求的重要因素——投资乘数
○ **教学背景**
  投资乘数是经济学中的重要概念，基础设施投资能通过乘数的放大作用带动相关产业发展，从而推动经济快速增长。新基建是近年来社会广泛关注的热点问题，新基建即新型基础设施建设，是以新发展理念为引领，以技术创新为驱动，以信息网络为基础，面向高质量发展需要，提供数字转型、智能升级、融合创新等服务的基础设施体系，国家为什么要推动新基建投资？新基建投资又如何通过乘数作用推动经济社会发展呢？
○ **教学目标**
  1. 知识目标
  (1) 理解投资乘数的概念和计算。
  (2) 理解投资乘数发挥作用的机理。
  2. 能力目标
  (1) 通过环环相扣的教学问题，循序渐进推进教学过程，训练学生的逻辑思维能力。
  (2) 能够运用乘数相关理论分析现实经济问题，辩证看待乘数作用的实施条件和局限性，引导学生透过现象看本质，培养学生辩证思考和批判思考能力。

○ **教学方法**　问题导向、启发互动、社会热点问题分析
○ **思政元素**
　　传统基础设施乘数作用研究一直是各界学者的主要研究领域，与传统基础设施相比，新基础设施是根据我国现阶段的经济发展状况和国际环境提出来的新观念。目前"三驾马车"对经济的拉动作用当中，投资的力度相对较弱，拖累了整体经济的增长，所以有必要进一步加快和加大基础设施的投资，对整体经济起到支撑作用。本单元的思政元素体现在创新的"高质量发展"上。后疫情时代，新基建是国家重点投资的发展方向，也是"双循环"格局的关键发力点之一。
○ **教学过程**

　　1. 课程导入：观看视频——新科技，新基建！5G 赋能千行百业
　　(1) 设计目标：在专业理论基础之上，选择经济热点现实问题作为切入点，能够有效地激发学生学习的积极性，同时起到引导学生正确认识和分析现实问题的作用。
　　(2) 问题引导：为什么新基建能赋能千行百业？投资会带来经济增长，一元投资带来的 GDP 增加是大于还是等于一元？
　　(3) 教学活动：通过导入视频引出乘数的概念。
　　2. 关键概念：投资乘数
　　(1) 设计目标：在视频引导下，通过设问的方式，引出投资乘数的概念。
　　(2) 教学活动：
- 准确定义并解释"投资乘数"概念；
- 根据已有知识推导乘数的计算公式。

乘数的概念

乘数：每单位外生变量（政府支出、政府购买、税收）的变化所带来的引致变量的变动情况（如GDP）。

投资乘数指收入的变化与带来这种变化的投资支出的变化的比率。

$$k = \frac{1}{1-MPC} = \frac{1}{1-\beta}$$

$$k = \frac{1}{1-MPC} = \frac{1}{MPS}$$

　　3. 概念剖析：投资乘数的原理
　　(1) 设计目标：通过经济学经典的破窗理论，在故事中推演出投资乘数的基本原理，层层递进，

逻辑演绎，一环扣一环。
(2) 教学活动：
- 引导学生根据破窗理论理解投资乘数能发挥作用的机理；
- 从效率和公平的角度分析新基础设施对经济发展的作用。

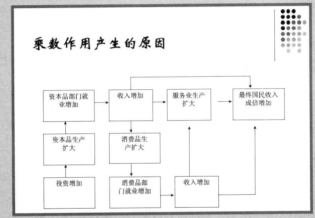

4. 讨论问题
✓ 思考破坏会促进经济增长是否正确，是破窗理论，还是破窗谬论？

✓ 乘数作用是否越大越好，乘数对于经济意味着什么？

> **注意问题**
>
> **乘数作用需具备条件:**
> 经济中需要具备闲置的资源,即没有实现充分就业。
>
> **乘数效应是"双刃剑"**
> 乘数越大,国民经济中的投资、消费等开支对经济的影响越大,乘数越小,总支出变动对国民经济的影响越小。
> 因此,西方经济学家认为,乘数越小,经济越稳定,越不容易受到不确定性因素变动的影响。

(1) 设计目标:对投资乘数的另一面——人为创造的 GDP 可能引发社会资源的浪费进行讨论,培养学生辩证思考能力,鼓励学生课后阅读和思考。

(2) 教学活动:
- 以基础设施重复建设为例探讨唯 GDP 论可能引发的问题;
- 培养学生全面、辩证分析问题的意识和习惯。

4.3 计量经济学课程思政建设

4.3.1 课程简介和目标

1. 课程简介

计量经济学是经济学的一个分支,它是在数理经济学、经济统计学和数理统计学基础上发展起来的一门应用经济学学科。计量经济学在对社会经济现象做定性分析的基础上,探讨如何运用计量经济方法来定量描述具有随机性特征的经济变量关系。本课程分单方程回归模型、违背古典假定的计量经济问题、时间序列计量经济学模型、非经典截面数据计量经济学模型及应用。其具体内容包括:概述、一元线性回归、多元线性回归、多重共线性问题、异方差性问题、自相关性问题、内重性问题、时间序列模型、二元选择模型、双重差分模型、门限回归模型、面板数据模型。本课程是经济类专业的专业课,适用于经济类各专业本科高年级学生,通过本课程的教学,要求学生掌握计量经济学的基本理论和主要模型设定方法,熟悉计量经济分析工作的基本内容和工作程序,能用计量经济学软件进行实际操作。

在授课过程中应重点关注学生的特点,针对不同层次及要求的学生不断研究、创新教学方法和手段,注重将金融统计与计量的基本理论与现实金融问题相结合,将金融统计与计量的理论、方法与应用融为一体,培养学生的统计与计量思维,提高他们应用统计和计量工具分析现实金融问题的能力。

2. 课程目标

计量经济学课程为专业必修课程。通过本课程的教学，学生能够达到以下目标。

(1) 知识：学生能够陈述并解释经典单方程计量经济学模型的基本假设、普通最小二乘估计方法、统计检验及预测问题；能够证明最小二乘估计量的性质；能够比较、识别、检验、修正放宽基本假定模型存在的问题；能够阐述时间序列模型的序列相关性及时间序列的平稳性的概念；能够解释选择性样本计量经济学模型的特征及含义。

(2) 应用：学生能够建立计量经济学模型，并能以计量分析软件为工具对现实经济现象中的数量关系进行实证分析。

(3) 整合：学生能够结合其他专业知识，整合应用计量经济学的基本原理和方法，分析、评价现实经济现象的数量关系。

(4) 价值：学生能够基于数据事实提供的经验论据客观描述经济现象间的数量关系，遵守职业道德和规范，履行责任。

(5) 情感：学生能够参与协作学习，具有团队合作意识，能够应用计量经济学分析方法撰写报告，进行成果展示和有效沟通与交流。

(6) 学习：学生能够利用 MOOC、微课等线上学习课程和资源，开展自主学习，提升自主学习能力。

4.3.2　课程特点与思政目标

计量经济学是一门理论和应用紧密结合的学科，并随着时代的发展不断创新。一方面，通过本门课的学习，要求学生掌握必备的经济学理论知识，如：柯布—道格拉斯生产函数、GDP 增长率测算、菲利普斯曲线、边际消费倾向递减规律等；另一方面，要求学生学会处理数据并掌握一些必备的计量经济学模型，如多重共线性、异方差问题、自相关问题、内生性问题等。同时，在现实学习生活中，经济政策、社会问题等日新月异，新的现象、新的问题层出不穷，所以，在教学上不仅要引进前沿的计量经济学模型，更要鼓励和引导学生利用所学的经济学理论和数学模型解释当下中国新的经济问题和现象。

基于课程的特点，在教学过程中需要解决以下问题：如何用辩证发展的眼光分析国内国际经济社会随时代演进的趋势，如何利用计量经济学的手段理解和解释当下中国经济社会中的热点，如中国式现代化、共同富裕、数字化转型、高质量发展、"双碳"目标、绿色发展、全面实现乡村振兴，等等。为此，结合每章教学内容，计量经济学课程确定了开展课程思政教育的 4 个切入点：民族精神、中国式现代化、社会主义制度优越性、负责任大国担当，并且将这 4 个点具化为 13 个思政元素，具体情况如表 4-7 所示。

表 4-7　计量经济学课程思政教育切入点和思政元素

思政教育切入点	思政元素
民族精神	奋斗精神
	创造精神
中国式现代化	共同富裕
	人与自然和谐共生
社会主义制度优越性	脱贫攻坚的伟大胜利
	抗击新冠疫情
	高质量发展
	全面乡村振兴
	国内大循环为主体,国内国际双循环
负责任大国担当	人类命运共同体
	"双碳"目标
	中国智慧和中国方案
	求同存异、与时偕行

由此,计量经济学课程思政教育的三大目标确立为:首先,通过介绍中国第一代计量学者的相关故事,激发学生爱国主义情怀和自强不息的奋斗精神,弘扬伟大的民族精神;其次,聚焦国内,针对学生研究方向和关注的领域,通过计量模型检验和论证脱贫攻坚、乡村振兴等壮举,帮助学生更好地理解社会主义制度优越性、增强学生的道路自信和文化自信;最后,放眼国际,通过辩证法的方式让学生感悟在新冠疫情、"双碳"目标等国际问题上贡献的中国智慧和中国方案。计量经济学课程思政目标有助于培养兼具专业知识与人文素养、兼具国际视野与家国情怀、兼具职业精神与社会责任感的高水平应用型人才,能为新金融战略的发展及数字化金融服务贡献骨干力量。

4.3.3　课程思政教学实施路径

1. 课程内容的思政元素

根据教学目标覆盖"知识+能力+价值塑造"的要求,我们立足计量经济学课程的特点和思政元素,对教学内容进行优化重塑,构建"知识探究—能力培养—价值塑造"三位一体的教学内容体系。具体来说,教学内容按照"基础知识—理论—实务—政策—现实与热点"的逻辑框架展开,梳理每章的思政内容或案例及思政元素(见表 4-8),以便主讲教师有的放矢地开展思政教学。

表 4-8 计量经济学课程的思政内容或案例及思政元素

章节	思政内容或案例	思政元素
第1章 计量经济学概述	1. 计量经济学的相关概念与主要内容; 2. 数据的收集与处理; 3. 模型的构建、估计和检验; 4. 模型的应用	作为知识背景,介绍"颐和园经济计量学讲习班"的相关内容,让学生了解中国第一代计量学者勤奋严谨、求真务实的奋斗精神,鼓励学生勇攀学术高峰
第2章 一元线性回归	1. 一元线性回归的设定; 2. 一元线性回归的基本假设; 3. 一元线性回归的参数估计; 4. 一元线性回归的检验和应用	通过一元线性回归,考察菲利普斯曲线的成立性,启发学生立足国情,检验西方经济理论对中国的适用性和局限性
第3章 多元线性回归	1. 多元线性回归的设定; 2. 多元线性回归的基本假设; 3. 多元线性回归的参数估计; 4. 多元线性回归的检验和应用	借助多元线性回归,分析普惠金融背景下中国特色扶贫政策的演进与实践,引导学生感悟一代代共产党人在脱贫攻坚道路上的伟大壮举
第4章 多重共线性问题	1. 多重共线性的含义; 2. 多重共线性的产生; 3. 多重共线性的后果; 4. 多重共线性的检验; 5. 多重共线性的处理	通过多重共线性的学习,让学生理解趋势的重要意义,利用马克思主义的趋势分析法,对全球金融的发展方向、客观走势做出合理的估计和判断
第5章 异方差性问题	1. 异方差性的含义; 2. 异方差性的产生; 3. 异方差性的后果; 4. 异方差性的检验; 5. 异方差性的处理	基于异方差性的认识,引导学生回顾自然辩证法中关于差异性和互补性的经典理论,积极运用差异性和互补性的观点来理解"求同存异、与时偕行"的外交方针,感悟新时代的中国在维护世界和平、促进共同发展方面的责任
第6章 自相关性问题	1. 自相关性的含义; 2. 自相关性的产生; 3. 自相关性的后果; 4. 自相关性的检验; 5. 自相关性的处理	在自相关问题的学习过程中,启迪学生用普遍联系的眼光看待事物,牢记习近平总书记关于"人类命运共同体"的论述,用联系和发展的观点来理解经济全球化和金融全球化
第7章 内生性问题	1. 内生性的含义; 2. 内生性的产生; 3. 内生性的后果; 4. 内生性的检验; 5. 内生性的处理	基于内生性问题的学习,引导学生思考内因和外因的关系,让学生意识到:中国证券市场的发展,不仅需要独立自主、自力更生(内因),还需要借鉴世界各国的优秀成果(外因),外因可以通过内因发挥作用
第8章 时间序列模型	1. 时间序列模型的设定; 2. 时间序列模型的基本假设; 3. 时间序列模型的参数估计; 4. 时间序列模型的检验和应用	通过向量自回归,刻画中国金融业高质量发展的轨迹,引导学生重视企业家精神对金融高质量发展的驱动作用,帮助学生树立高度的民族自信心和国家自豪感

(续表)

章节	思政内容或案例	思政元素
第9章 二元选择模型	1. 二元选择模型的设定； 2. 二元选择模型的基本假设； 3. 二元选择模型的参数估计； 4. 二元选择模型的检验和应用	利用二元选择模型，比较新冠疫情前后中小微企业受益于科技金融支持的状况和差异，激发学生创新意识和创业潜力
第10章 双重差分模型	1. 双重差分模型的设定； 2. 双重差分模型的基本假设； 3. 双重差分模型的参数估计； 4. 双重差分模型的检验和应用	借助双重差分模型，检验自由贸易区建设对国家进出口及金融发展的影响，帮助学生清晰认识到改革开放的巨大成就，坚定学生投身改革开放浪潮的信心
第11章 门限回归模型	1. 门限回归模型的设定； 2. 门限回归模型的基本假设； 3. 门限回归模型的参数估计； 4. 门限回归模型的检验和应用	通过门限回归模型，实证检验绿色金融政策对碳排放的抑制作用，牢固树立学生绿水青山就是金山银山的理念，增强学生的环保意识
第12章 面板数据模型	1. 面板数据模型的设定； 2. 面板数据模型的基本假设； 3. 面板数据模型的参数估计； 4. 面板数据模型的检验和应用	利用面板数据模型，分析数字金融对城乡居民消费差异的影响，帮助学生清晰认识国家数字经济和金融战略，激励学生为最终实现全社会的共同富裕做贡献

2. 学习活动和教学活动

在教学过程中，灵活使用多种学习活动和教学活动，让思政教育有温度、有热情、有深度。紧贴当前国内外金融时事，在利用计量模型分析政策方针、经济现象等问题时植入思政元素，让学生更有代入感，更易引起情感共鸣；实施协作学习，组织讨论交流，创造和谐的师生互动、生生互动的氛围，让情感越辩越浓烈，让道理越辩越清晰；通过鼓励学生参加"启明星"、学术论坛等活动，感知老一辈学者自强不息的工匠精神；通过让学生参与撰写课程论文，深入探究金融热点问题，理解中国金融的实践和故事。

3. 思政教育的考核方式

立足 OBE 成果导向教育理念，计量经济学课程遵循以下原则进行考核：①过程性考核与终结性考核相结合；②线上考核与线下考核相结合；③知识考核、能力考核和价值考核并重。

在思政教育考核方面，特别强调学生能够做到诚信守时，按时上课，原创性完成各项作业或任务，能够在日常的学术交流中严格遵守学术道德规范。具体考核方式及内容如表 4-9 所示。

表 4-9 计量经济学课程考核方式及内容

考核方式		考核内容	所属章(单元)	相应权重	占比(合计100%)	课程目标					
						知识	应用	整合	情感	价值	学习
过程性考核	课堂表现	考核学生出勤情况、课上积极回答问题等	全部	30%	60%	√	√			√	
	课后作业	学生提交4次课后作业,独立完成	全部	30%		√	√				
	研究报告小组展示交流	考查学生分工协作及利用计量模型分析经济现象的能力	全部	40%		√	√	√	√	√	
		小计		100%							
终结性考核	研究论文	学术诚信,考核学生选题是否新颖、论证是否充分、撰写层次是否清晰及表达是否流畅	全部	100%	40%	√	√	√		√	√

4.3.4 课程思政教学设计

以下是计量经济学课程思政教学设计范例。

计量经济学课程思政教学设计范例

○ **教学内容** 中国数量经济学的缘起——"颐和园经济计量学讲习班"
○ **教学背景**
　　1990年、2000年、2010年,中国数量经济学会为"颐和园经济计量学讲习班"举行了十周年、二十周年、三十周年纪念国际学术研讨会。将如此的热情和荣耀给予一个讲习班,在中国经济学界史上绝无仅有。全是因为,这个有"黄埔一期"称号的"颐和园经济计量学讲习班",永远和激情、开创、突破联系在一起,化作一块数量经济学发展道路上的奠基石。
○ **教学目标**
　1. 知识目标
　(1) 理解计量经济学的相关概念和主要内容。
　(2) 了解中国数量经济学发展历史。
　2. 能力目标
　(1) 通过环环相扣的教学问题,循序渐进推进教学过程,训练学生的独立思考能力。
　(2) 能够理解计量经济学的基础概念,激发学生爱国热情,培养学生爱国主义情怀。
○ **教学方法** 问题导向、历史追溯、启发互动、学生感悟分享
○ **思政元素**
　　对于中国人民在长期奋斗中培育、继承、发展起来的伟大民族精神,习近平总书记有4个最新论断,即"伟大创造精神、伟大奋斗精神、伟大团结精神、伟大梦想精神"。本单元的思政元素体现在"民族精神"上。通过对"颐和园经济计量学讲习班"的介绍,带领学生回溯老一辈学者自强不息的奋斗事迹,感悟先辈身上的爱国主义情怀。

○ **教学过程**

线上：蓝墨云班课阅读文献

课前，学生在蓝墨云班课上观看指定文献。

> DOI: 10.13653/j.cnki.jqte.2010.10.002
> ·156·　　　　　　　　《数量经济技术经济研究》2010年第10期
>
> ## 纪念"颐和园经济计量学讲习班"
> ## 30 周年国际学术研讨会综述
>
> 　　纪念"颐和园经济计量学讲习班"30 周年国际学术研讨会于 2010 年 7 月 10~11 日在北京召开。此次会议由中国社会科学院数量经济与技术经济研究所、中国数量经济学会主办。中国社会科学院国际合作局、北京信息科技大学、首都经济贸易大学、吉林大学商学院、吉林大学数量经济研究中心、东北财经大学数学与数量经济学院、新疆大学经济研究所等单位协办。
>
> 　　　　　　　　　　　　　一
>
> 　　1980 年 6 月 24 日至 8 月 11 日，以著名经济学家克莱因教授为团长的美国经济学家代表团与中国社会科学院合作，在北京颐和园举办了为期 7 周的"经济计量学讲习班"。在这个后来被称为"颐和园经济计量学讲习班"上，有 100 名中国经济学工作者得到了经济计量学理论和应用方面的培训。讲习班对于刚刚诞生的中国数量经济学的大规模发展起到了实质性的推动作用。

资料来源：王国成，张延群，樊明太，张涛. 纪念"颐和园经济计量学讲习班"30 周年国际学术研讨会综述[J]. 数量经济技术经济研究，2010，27(10):156–161.

线下：课堂教学

1. 导入故事：中国第一位数量经济学博士——汪同三

(1) 设计目标：在理论基础之上，选择富有感情色彩的历史背景和人物，能够更加有效地激发学生求知欲，同时引导学生树立正确的人生观、价值观。

(2) 问题引导：中国的数量经济学是如何发展起来的？中国数量经济学方面的专业人才又是如何一步步克服困难培养出来的？

(3) 教学活动：通过导入故事引出计量经济学概述。

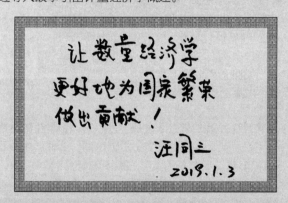

2. 关键概念：数量经济学、计量经济学、经济计量学

(1) 设计目标：在故事的引导下，通过人物事迹内在驱动的方式，引出计量经济学的相关概念和知识。这样有关计量经济学的概念就融入中国化的时代背景，从"曲高和寡"到"接地气儿"，学生在理解和学习的过程中更易接受和掌握。

(2) 教学活动：
- 简单介绍"Econometrics"的由来及其中国化的初期发展过程；
- 讲解"计量经济学"的主要内容。

> **一、计量经济学**
>
> - 经济学的一个分支学科
>   - 20世纪20年代末30年代初诞生
>   - 1926年挪威经济学家R.Frish提出"Econometrics"
>   - 1930年成立世界计量经济学会
>   - 1933年创刊 *Econometrica*
>   - 20世纪40、50年代的大发展和20世纪60年代的扩张
>   - 20世纪70年代的批评和反思
>   - 20世纪70年代末以来非经典（现代）计量经济学的发展

3. 概念剖析："Econometrics"如何译

(1) 设计目标：提问学生"Econometrics"是译为"计量经济学"还是"经济计量学"，介绍计量经济学中的"计量"和"经济学"的内在关系，回顾"颐和园经济计量学讲习班"的相关历史，尤其是讲习班学员懂数学的不懂经济学、懂经济学的不懂数学，二者应相互学习，让学生更加深刻地理解计量经济学。

(2) 教学活动：
- 介绍西方"Econometrics"的由来及计量与经济学的关系；
- 介绍汪同三、"颐和园经济计量学讲习班"；
- 引导学生对计量经济学中国化过程的思考；
- 介绍计量经济学的主要内容。

4. 理论/思政升华

(1) 设计目标：引入民族精神对计量经济学的中国化进行分析。

(2) 课程思政：习近平总书记对民族精神的最新论断，"中国人民是具有伟大创造精神的人民，中国人民是具有伟大奋斗精神的人民，中国人民是具有伟大团结精神的人民，中国人民是具有伟大梦想精神的人民"。引导学生思考"民族精神"在老一辈计量学者身上的具体体现。

4.4 金融学课程思政建设

4.4.1 课程简介和目标

1. 课程简介

金融学课程是金融专业的统帅性基础理论课程，其主要任务是对货币、信用与金融的产生、发展、运行机制和运动规律做全面系统的基本介绍，具有体系庞大、内容丰富，强调整体性、基础性和原理性的特点。本课程遵循历史和逻辑的一致性，客观介绍世界主流

金融理论的发展脉络，系统阐释金融的基本原理、基本知识及其运动规律；提炼和吸收金融学科研究的前沿成果，关注发达国家金融实践的发展动态，持续调整课程内容以保持先进性；扎根中国文化背景和社会生活，努力反映改革开放后的最新金融实践和理论研究成果，形成适应中国特色社会主义市场经济现实需要的课程结构。

本课程综合运用课堂讲授、启发式教学、讨论教学、案例教学等多种教学方法，通过课程学习，使学生对金融学的基本概念、基本理论有全面的理解和较为系统、深刻的认识，了解国内外金融实践的发展现状，掌握观察和辩证思考金融现象的科学方法，培养其分析解决金融实际问题的能力。

2. 课程目标

金融学课程为专业必修课程。通过本课程的教学，学生能够达到以下目标。

(1) 知识：学生能够陈述并解释关于货币、信用、利率、金融市场、金融机构、中央银行、货币需求、货币供给、货币均衡、货币政策等方面的基本知识和理论；能够分析并比较各种利率结构理论、利率决定理论、货币需求理论；能够比较、分析与评判货币政策应用相关理论和实践；能够扼要陈述并解释我国近年来金融发展中的重要节点和重大问题。

(2) 应用：学生能够运用利率基本理论，理顺利率与主要金融变量、宏观调控和金融市场微观运作之间的关系；学生能够从金融市场和金融机构融合的角度分析金融创新的作用，解释金融创新能够极大地拓宽金融机构的业务范围和市场竞争力；能够概述全球金融业大规模、全方位的金融创新发展的表现形式，并解释金融监管和创新产生的背景、意义和未来发展趋势。

(3) 整合：学生能够整合金融学的基本概念和原理，结合国内外金融发展，特别是我国改革开放的金融实践，建立比较完善的金融基础理论体系；能够从原理上解释中央金融工作会议和党的十九大提出的金融回归本源、优化结构、强化监管、市场导向的原则；能够对国内外金融热点和焦点问题做出自己的解读、分析和判断。

(4) 情感：学生能够对金融领域产生兴趣，明确"金融是现代经济的核心"不是一句抽象空洞的表述，而是一个实事求是的结论；学生能够参与协作学习，具有团队合作意识，能够就金融问题撰写报告，进行成果展示和有效沟通与交流。

(5) 价值：学生能够牢固确立金融助力实体经济、服务于国家发展战略的基本价值立场；能够自觉杜绝生搬硬套西方金融理论和观点，坚持把政府和市场"两只手"结合起来的中国特色金融理论；以中国传统文化的核心价值为根基，帮助学生树立金融向善的价值立场。

(6) 学习：学生能够根据学习目标检索和阅读金融专业相关书籍，利用互联网资源查询信息、搜集资料和数据，提升自主学习能力；学生能够观察生活中的金融现象，去各种金融机构实地调研，形成感性认识，学以致用。

4.4.2　课程特点与思政目标

金融学课程具有体系庞大、内容丰富，强调整体性、基础性和原理性的特点。一方面，要对金融体系的主要架构做一个准确、全面的基本介绍，内容涵盖货币与汇率、信用与利率、金融资产与价格、金融市场与交易、金融机构与业务运作、货币需求与供给、金融总量与均衡、宏观调控与监管、金融发展等几乎所有金融活动；另一方面，要处理好本课程与其他金融专业课程的关系，既要发挥金融学课程在专业教学体系中的"导游图"的作用，又要避免越俎代庖，还要把在理解其他课程时起重要支撑作用的基本概念和原理讲深讲透。

基于课程的特点，本课程的思政目标是明确金融在国家经济领域中的重要战略地位，金融安全和金融发展在推进中华民族伟大复兴进程中的重要意义，引导青年学生增强"四个意识"、坚定"四个自信"、做到"两个维护"，帮助学生树立正确的人生观、价值观和世界观，全面提高专业素养和综合素质，为国家和地方的金融行业贡献力量。

本课程思政建设的特色是将中国传统文化的精华渗入货币金融理论，深入挖掘中华优秀传统文化中的课程思政元素，实现中华优秀传统文化在金融专业知识中的"创造性转化"，服务北京"文化中心"建设。具体的课程思政目标如表 4-10 所示。

表 4-10 金融学的课程思政目标

维度	课程思政目标
知识	帮助学生辨析经济规律和金融理论在不同社会制度中的不同实践方式和表现形式，增强制度自信和道路自信
价值	以中国传统文化的核心价值为根基，帮助学生树立金融向善的价值立场
情感	带领学生满怀温情学习博大精深的传统文化，落实文化自信

4.4.3 课程思政教学实施路径

1. 课程内容的思政元素

根据教学目标覆盖"知识+能力+价值塑造"的要求，我们立足金融学课程的特点和思政元素，对教学内容进行优化重塑，构建了"知识探究—能力培养—价值塑造"三位一体的教学内容体系。具体来说，教学内容按照"基本要素—微观运作载体—宏观均衡与调控—金融监管和发展"的逻辑框架展开，梳理出每章的思政内容或案例及思政元素(见表 4-11)，以便主讲教师有的放矢地开展思政教学。

表 4-11 金融学课程的思政内容或案例及思政元素

模块	章	节	思政内容或案例	思政元素
基本要素	第 1 章 课程导论	第 1 节 社会经济主体的金融交易及其关系	无论是开放经济还是封闭经济，企业、政府、居民及金融机构都是一个完整的无法割裂的系统，彼此依赖，通过为其他部门提供价值而获得自己的价值	中国传统文化的核心价值"尚和合"

(续表)

模块	章	节	思政内容或案例	思政元素
基本要素	第1章 课程导论	第5节 现代金融体系的基本构成	按照中国历史和社会发展过程中自发形成的金融范畴来界定金融的概念和金融体系的构成	实事求是的治学态度和方法，中国方案与智慧
	第2章 货币与货币制度	第1节 货币的出现与货币形式的演进	马克思基于劳动价值论的货币起源理论与西方经济学货币起源理论的对比，对价值的认识是不同思想学派的根本分歧	中国传统文化的核心价值"讲辩证"，树立正确的价值观
		第2节 货币的职能与作用	货币的职能和本质不会随着货币形态的变化而变化	中国传统文化的核心价值"讲辩证"，《易经》中的"变易、简易和不易"
		第4节 货币制度	国际货币体系的演变与人民币国际化	中国传统文化的核心价值"求大同"，中国智慧与担当
	第3章 汇率与汇率制度	第1节 外汇与汇率	汇率理论的演进	科学的发展与局限
	第4章 信用与信用体系	第3节 信用体系	信用缺失的原因、对社会的危害及信用体系的建立	中国传统文化的核心价值"守诚信"
微观运作载体	第5章 金融市场体系及其功能	第1节 货币市场	大额定期存款出现的历史背景	创新精神
		第2节 资本市场	资本市场对企业家精神的鉴别作用	创新精神
		第3节 衍生工具市场	衍生工具是一把"双刃剑"	中国传统文化的核心价值"讲辩证"
	第6章 金融机构体系	第3节 国际金融机构体系的构成	金砖国家新开发银行和亚投行的建立	中国智慧与担当
	第7章 存款性金融机构	第2节 商业银行	国有商业银行的改革发展	中国传统文化的基本精神"自强不息"
	第8章 中央银行	第1节 中央银行的演进与职能	垄断货币发行是中央银行履行职能的前提	货币主权，国家利益，风险意识
		第4节 中央银行的运作规范及其与各方的关系	中央银行的独立性	中国传统文化的核心价值"讲辩证"
宏观调控与均衡	第9章 货币需求	第1节 货币需求的含义与分析视角	货币需求分析的宏观视角和微观视角	中国传统文化的核心价值"讲辩证"

(续表)

模块	章	节	思政内容或案例	思政元素
宏观调控与均衡	第9章 货币需求	第2节 货币需求理论的发展	马克思货币需求公式与费雪方程式的比较，凯恩斯货币需求理论与弗里德曼货币需求理论的比较	历史和逻辑的统一，中国传统文化的核心价值"讲辩证"
		第3节 中国货币需求分析	中华人民共和国成立初期"1:8"公式的出现及其应用条件	历史和逻辑的统一，实事求是的治学态度和方法
	第10章 货币供给	第1节 现代信用货币的供给	信用货币发行的准备金制度	中国传统文化的核心价值"讲诚信"
		第3节 商业银行与存款货币的创造	齐鲁银行案件背后对存款货币创造规律的滥用	职业道德，思辨与探索(批判性思维)
		第5节 货币供给的数量界限与控制	中央银行对货币数量控制的根本原则和目标	中国传统文化的核心价值"重民本"，守正创新
	第11章 货币均衡	第1节 货币供求均衡与总供求均衡	货币供求均衡与产品市场的总供求之间的关系	实体经济是本源(《大学》中的本末、终始)，金融向善
		第2节 通货膨胀	通货膨胀对实体经济的伤害，对人民生活的影响	金融向善
		第3节 通货紧缩	通货紧缩的根本原因是有效需求不足	金融的杠杆作用，金融向善
	第12章 货币政策	第1节 货币政策的目标	单目标论、双目标论和多目标论，以及多个货币政策目标之间的矛盾与权衡	中国传统文化的核心价值"讲辩证"
		第2节 货币政策操作指标与中介指标	价格型指标与数量型指标的优缺点及其选择	实事求是的治学态度和方法，中国国情与方案
		第3节 货币政策工具	结构性货币政策工具在疫情防控，以及经济转型发展中的作用	中国智慧与方案，守正创新
		第4节 货币政策传导机制	不同的货币政策传导机制理论的比较	中国传统文化的核心价值"讲辩证"
金融监管与发展	第13章 金融监管	第1节 金融监管原理	金融监管的目标和核心原则	中国传统文化的核心价值"重民本"，金融向善
		第3节 金融监管的实施	中华人民共和国在不同历史发展阶段的金融监管机构设置	历史和逻辑的统一，中国智慧与方案
	第14章 金融发展	第1节 金融发展与经济发展	金融发展与经济发展的辩证关系	中国传统文化的核心价值"重民本"，金融向善
		第2节 金融创新与金融发展	普惠金融的"普"与"惠"	中国传统文化的核心价值"崇仁爱"

(续表)

模块	章	节	思政内容或案例	思政元素
金融监管与发展	第14章 金融发展	第3节 经济金融化与金融全球化	金融全球化积极和消极作用	中国传统文化的核心价值"讲辩证"及"求大同"

2. 学习活动和教学活动

金融学课程确立了"三融合"的课程思政建设基本原则——金融专业知识、中国金融实践、中华优秀传统文化三者相融合，将价值塑造、知识传授和能力培养三者融为一体。首先，根据学生的认知规律和兴趣特点，精心设计课程内容，在讲好中国金融故事的同时讲清楚金融知识；其次，将中国传统文化的6个核心价值——"讲仁爱、重民本、守诚信、崇正义、尚和合、求大同"，有机融入课程四大内容模块。

在课堂教学中，根据不同的教学内容和课程思政元素的特点，有针对性地选取历史追溯、案例分析、场景模拟、比较分析等多种教学方法，构建多元协同的教学方法体系。采用案例教学和情景教学，植入思政案例和情景，让学生更有代入感，更易引起情感共鸣；实施协作学习，组织讨论交流，创造和谐的师生互动、生生互动的氛围，让情感越辩越浓烈，让道理越辩越清晰；通过让学生参与撰写课程论文和科技活动，深入探究现实问题，理解中国金融的实践和故事。

3. 思政教育的考核方式

立足OBE成果导向教育理念，金融学课程遵循以下原则进行考核：①过程性考核与终结性考核相结合；②线上考核与线下考核相结合；③知识考核、能力考核和价值考核并重。

在思政教育考核方面，特别强调学生能够做到诚信守时，按时上课，原创性完成各项作业或任务，能够在金融实践活动中理解并遵守相关金融职业道德和规范。建立同学互评和优秀作业展示制度，引导学生向优秀者学习，鼓励大胆提问、相互质疑和分享思想；将"用真实数据，做真实调研，写真心感悟"作为课程调研报告的评判标准，鼓励求真务实。具体考核方式及内容如表4-12所示。

表4-12 金融学课程考核方式及内容

考核方式		考核内容	所属章(单元)	相应权重	占比(合计100%)	课程目标					
						知识	应用	整合	情感	价值	学习
过程性考核	课堂表现	考核学生出勤情况、线上自主学习、线上讨论、线下讨论、读书笔记等	全部	15%	50%	√			√	√	√
	单元测试	线上测试，考核学生对于金融基础知识、理论与政策的识记与理解，诚信完成	全部	30%		√				√	

(续表)

考核方式		考核内容	所属章（单元）	相应权重	占比（合计100%）	课程目标					
						知识	应用	整合	情感	价值	学习
过程性考核	单元作业	线下作业，考核学生对金融基础知识、理论与政策的识记、理解、分析与评价，诚信完成	全部	30%	50%(续)	√				√	
	课程报告	线下考查，考核学生对金融现实问题与热点问题的分析与评价，原创性完成	十二	25%		√	√	√		√	√
		小计		100%							
终结性考核	期末闭卷考试	线下考核，考核学生对于金融基本概念、基本理论、基本原理的记忆、理解、分析、应用与评价，诚信完成考试	全部	100%	50%	√	√	√		√	

4.4.4 课程思政教学设计

以下是金融学课程思政教学设计范例。

金融学课程思政教学设计范例

○ **教学内容** 普惠金融的"普"与"惠"
○ **教学背景**
　　近年来，消费金融围绕普惠金融的本质快速发展，在推动金融产品创新、扩大金融服务的覆盖面、提升居民消费意愿等方面起到了积极作用，取得了诸多成效。与此同时，消费金融在快速发展的过程中也不可避免地出现了一些问题。比如，客户群体过度下沉，带来高"共债"风险，引发"不该贷"和"过度贷"等社会问题。
○ **教学目标**
　　1. 知识目标
　　(1) 理解普惠金融概念及其提出的现实和理论背景。
　　(2) 理解普惠金融的本质和特征。
　　2. 能力目标
　　(1) 通过环环相扣的教学问题，循序渐进地推进教学过程，训练学生的逻辑思维能力。
　　(2) 能够运用普惠金融相关理论分析现实问题，引导学生透过现象看本质，培养学生辩证思考和批判思考能力。
○ **教学方法** 场景模拟、问题导向、历史追溯、启发互动、社会热点问题分析
○ **思政元素**
　　中国传统文化的典型特点是强调道德修养，道德先于法律，其主要文化品格可以概括为"讲仁爱、重民本、守诚信、崇正义、尚和合、求大同"。本单元的思政元素体现在"仁"字上。将中国传统文化融入课程思政的关键点在于知行合一，即道德需要落实在个人身心实践上，最终的指向是要成为什么样的人，怎么做人，防止出现空对空、两张皮。

教学过程

1. 导入故事：我想过更好的生活

(1) 设计目标：在专业的理论基础之上，选择热点现实问题作为切入点，能够有效地激发学生学习积极性，同时引导学生正确认识和分析现实问题。

(2) 问题引导：像吴艳仿这样一无所有的人为什么能得到中和农信的贷款？5000 元的贷款如何改变吴艳仿的生活？

(3) 教学活动：通过导入故事引出普惠金融的概念。

2. 关键概念：普惠金融

(1) 设计目标：在故事的引导下，通过设问的方式，引出普惠金融的概念及其产生的背景。这样这个概念就不是教师从外部硬性植入的，而是学生在分析案例的过程中自然生成的。

(2) 教学活动：
- 准确定义并解释"普惠金融"概念；
- 简单讲解"普惠金融"提出的现实背景和理论背景。

核心概念：普惠金融（Inclucive Finance）

首次提出

2005年联合国在推广"国际小额信贷年"时第一次提出普惠金融概念：

> 一个能够有效、全方位地为社会所有阶层和群体，尤其是贫困、低收入人口，提供服务的金融体系。

中国实践

2015年12月《推进普惠金融发展规划（2016—2020）》中将普惠金融定义为：

> 立足机会平等要求和商业可持续原则，以可负担的成本为有金融服务需求的社会各阶层和群体提供适当、有效的金融服务。

3. 概念剖析：普惠金融的特征

(1) 设计目标：通过列示传统金融的优缺点，在比较中推演出普惠金融的"普"与"惠"，层层递进，逻辑演绎，一环扣一环。

(2) 教学活动：
- 引导学生从传统金融的覆盖面和成本方面思考为什么会发生金融排斥；
- 引出普惠金融"普"的含义和"惠"的含义；
- 从效率和社会公平正义的角度分析传统金融为什么必然产生金融排斥，理解普惠金融的必要性；
- 引导学生思考互联网技术和金融科技的普惠在金融发展过程中的作用。

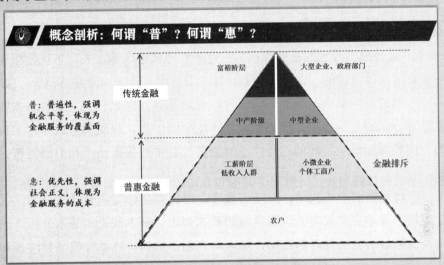

4. 社会问题讨论：普惠金融引发的过度负债问题

(1) 设计目标：对普惠金融的另一面——可能引发"不该贷""过度贷"等社会问题进行反思，培养学生辩证思考能力，鼓励学生课后阅读和思考。

(2) 教学活动：
- 以消费金融为例分析普惠金融的可能引发的社会问题；
- 培养学生全面、辩证分析问题的意识和习惯。

5. 理论/思政升华

(1) 设计目标：引入中国传统文化对"普"和"惠"的原则进行分析。

(2) 课程思政："仁"的基本含义。"己欲立而立人，己欲达而达人"，具体行为原则"己所不欲勿施于人"，引导学生思考"仁"的核心价值如何体现在金融机构的行为决策中。

4.5 保险学课程思政建设

4.5.1 课程简介和目标

1. 课程简介

"保险学"是金融学专业的基础课程。它是研究现代市场经济条件下风险损失补偿机制及其商业保险发展规律的一门独立学科，旨在引领学生认识风险基本概念、保险原理、保险实务等方面的基本概念，掌握风险管理、保险基础、保险合同、保险基本原则、保险经营监管等方面的基本理论，理解保险基本原则的运用、保险实务运作，了解中国保险改革的方向和国际保险发展的趋势，了解当前社会中的保险热点和前沿问题，并提出自身见解。

本课程综合运用讲授式教学、启发式教学、讨论教学、案例教学、模拟法庭教学等多种教学方法，使学生掌握有关保险领域的基本知识、基本理论和基本分析方法，具备风险分析及保险纠纷分析处理的应用技能，具有创新意识，熟悉保险法律法规和职业道德标准。

2. 课程目标

保险学课程为专业必修课程。通过本课程的教学，学生能够达到以下目标。

(1) 知识：学生能够陈述并解释关于风险、风险管理、保险的要素、保险的特征、保险的职能、保险的作用、保险合同、保险基本原则、保险种类、保险经营、保险市场、保险监管等方面的基本知识和理论；能够分析风险管理与保险的关系；能够比较、分析保险与相关经济行为的区别与联系；能够扼要陈述并解释保险业的发展现状与趋势。

(2) 应用：学生能够应用保险合同、保险基本原则及保险的种类的知识，对保险案例进行分析与评述；能够应用保险种类的理论与实务知识，为家庭及企业设计初步的保险方案。

(3) 整合：学生能够结合其他专业知识，整合应用保险的基本原理，分析、评价那些已经或正在发生的重大保险现实问题。

(4) 情感：学生能够参与协作学习，具有团队合作意识，能够就保险问题撰写报告，进行成果展示和有效沟通与交流。

(5) 价值：学生能够在保险合同、保险基本原则及保险的种类相关案例分析过程中，理解保险行业的方针、政策和法律法规，并能在保险实践中遵守保险职业道德和规范，履行责任。

(6) 学习：学生能够利用 MOOC、云班课等线上学习课程和资源，开展自主学习，提升自主学习能力。

4.5.2 课程特点与思政目标

保险学课程兼具理论性与应用性，而且偏重应用性，同时具有法律性与时代性。一方面，通过本课程的教学，要求学生掌握风险与保险的基础理论知识，例如风险、风险管理、保险基础、保险合同、保险基本原则等方面的基本概念与基本理论；另一方面，保险源于生活，与我们的生活紧密相关，通过本课程的教学，提高学生运用保险合同、保险基本原则、保险种类知识进行保险纠纷、保险案例分析的能力，以及对保险热点问题进行解读的能力，并且能够应用保险种类的理论与实务知识，为家庭及企业设计初步的保险方案。此外，在加快推进社会主义现代化建设的新阶段，我国保险业身处新的经济社会环境，其发展日新月异，保险实践将更加丰富，在教学上也要做到紧跟时代潮流，立足保险行业发展前沿。

基于保险学课程的特点，在教学过程中需要解决以下问题：如何客观、辩证地看待中国保险理论的发展；面对中国在保险领域的实践和成就，如何理解其中的中国智慧与方案；如何辩证地看待中国保险业发展与发达国家保险业发展的差距；如何辩证地看待中国保险业发展过程中存在的问题；如何认识和分析保险实践领域的创新；如何培养学生的专业技能和职业素质与精神，成为一个合格的金融保险从业人员，等等。为此，保险学课程确定了开展思政教育的 4 个切入点：社会主义核心价值观、思辨能力、中国智慧与担当、社会责任与职业素养，并且将这 4 个切入点具体化为 23 个思政元素，具体情况如表 4-13 所示。

表 4-13　保险学课程思政教育切入点和思政元素

思政教育切入点	思政元素
社会主义核心价值观	家国情怀
	爱岗敬业
	法治观念
	平等公正
	友善精神
思辨能力	批判性思维
	探究精神
中国智慧与担当	中国成就
	道路自信
	政策认同
	实事求是
	守正创新
社会责任与职业素养	风险意识
	风险管理意识

(续表)

思政教育切入点	思政元素
社会责任与职业素养	法律意识
	团队协作
	诚实守信
	客户至上
	专业胜任
	职业敏感
	保守秘密
	行业认同
	责任担当

由此,保险学课程思政教育的三大目标确立为:首先,培养学生爱岗敬业、法治观念、友善、法律意识、风险意识、风险管理意识、团队协作、诚实守信、客户至上、专业胜任、保守秘密、责任担当的职业精神和素养;其次,增强学生对国家保险政策、法律法规的理解和认同;最后,树立学生对国家保险行业发展的制度自信和道路自信,激发学生的爱国情怀。保险学课程思政目标为专业思政目标(培养兼具专业知识与人文素养、兼具国际视野与家国情怀、兼具职业精神与社会责任感的高水平应用型人才,成为支撑新金融战略发展、提供为数字经济服务的金融行业骨干)提供了有力的支撑。

4.5.3 课程思政教学实施路径

1. 课程内容的思政元素

根据教学目标覆盖"知识+能力+价值塑造"的要求,我们立足保险学课程的特点和思政元素,对教学内容进行了优化重塑,构建了"知识探究—能力培养—价值塑造"三位一体的教学内容体系。具体来说,教学内容按照"基础知识—理论—实务—政策—现实与热点"的逻辑框架展开,梳理出每章的思政内容或案例及思政元素(见表 4-14),以便主讲教师有的放矢地开展思政教学。

表 4-14 保险学课程思政的思政内容或案例及思政元素

模块	章	节	思政内容或案例	思政元素
保险基础理论模块	第1章 风险与风险管理	第1节 风险	风险的概念,道德风险因素,责任风险	风险意识,法律意识,法治观念
		第2节 风险管理概述	风险管理的概念,风险管理的损后目标	风险管理意识,责任担当
		第3节 风险管理与保险	可保风险的条件	探究精神

(续表)

模块	章	节	思政内容或案例	思政元素
保险基础理论模块	第2章 保险概述	第1节 保险的概念与特征	保险费率的厘定，保险的互助性	专业胜任，友善精神
		第2节 保险的产生与发展	中国保险的发展	中国成就，家国情怀，实事求是，守正创新
		第3节 保险的职能与作用	保险的派生职能：社会管理	家国情怀，责任担当，友善精神
	第3章 保险合同	第1节 保险合同的概念和特征	保险合同的概念	法律意识
		第2节 保险合同的要素	受益人指定不同情形下相关案例，保险公估人	法律意识，批判性思维，探究精神，平等公正
		第4节 保险合同的订立	保险人发出要约的情形	探究精神
		第5节 保险合同的履行	投保人的义务，保险人的义务	诚实守信，责任担当，保守秘密
		第6节 保险合同效力的变动	保险人的合同解除权	诚实守信，法治观念
		第7节 保险合同争议的处理	保险合同的解释原则	专业胜任，客户至上，法治观念
	第4章 保险的基本原则	第1节 保险利益原则	财产保险中保险利益时效法律规定的变化	守正创新
		第2节 最大诚信原则	投保人告知义务，保险人告知义务	诚实守信，法治观念，探究精神，专业胜任
		第3节 近因原则	既有承保近因又有非承保近因时，如何确定保险人的责任	批判性思维，探究精神
		第4节 损失补偿原则	损失补偿方式	实事求是，探究精神
保险实务模块	第5章 保险的种类	第2节 财产保险	小额贷款保证保险，农业保险	友善精神，责任担当，守正创新，团结协作
		第3节 人身保险	关于税延养老险和税优健康险的思考	批判性思维，探究精神，守正创新
		第5节 社会保险	社会保险改革	道路自信，政策认同
	第6章 保险经营	第1节 保险经营概述	保险经营的特殊原则	风险管理意识
		第2节 保险经营环节	保险理赔的原则	专业胜任，诚实守信，实事求是
市场与监管模块	第7章 保险市场与保险监管	第1节 保险市场	保险商品与其他商品的区别	探究精神
		第2节 保险监管	我国保险监管制度沿革	中国成就，道路自信，政策认同

(续表)

模块	章	节	思政内容或案例	思政元素
现实与热点模块	第8章 保险热点问题	第1节 车险"霸王条款"	车险有哪些"霸王条款"	批判性思维，探究精神
		第2节 城市定制普惠型商业医疗保险	各地"惠民保"的推出	守正创新，团结协作

2. 学习活动和教学活动

充分运用现代化教学手段，灵活采用多种教学方法，坚持以学生为中心，充分利用"线上+线下"混合式育人模式，通过课前引导、课中融入、课后强化，在课程的各个环节实现思政育人，做到思政教育有温度、学生学习有热情、师生互动有深度。

在课前，充分利用中国大学MOOC、云班课等线上平台、财经网站及公众号，培养学生自主学习教学视频、关注行业热点、倾听行业声音的习惯，激发学生的学习兴趣，营造思政育人的氛围，引导学生树立正确的职业道德意识，提高职业敏感度。

在课中，采用案例教学、模拟法庭、分组讨论、情景模拟、小组汇报等多样化形式，引起学生情感共鸣，引导学生善于思考、勤于探究、敢于批判，营造学生广泛参与、师生深度互动、生生竞争合作的氛围，把"以教为中心"转向"以学为中心"，在教学过程中润物细无声地渗透思政理念。

在课后，通过保险博物馆及企业参观、保险人物访谈、保险市场调查等，让学生直观地感受保险行业，增强对保险行业的认同感、自豪感，从而激发学生学习的热情。

3. 思政教育的考核方式

立足OBE成果导向教育理念，保险学课程遵循以下原则进行考核：①过程性考核与终结性考核相结合；②线上考核与线下考核相结合；③知识考核、能力考核和价值考核并重。

在整个评价中，强调过程性评价，将课程思政教学评价贯穿学生学习全过程，不仅关注技能、思维、思想观念方面的评价，而且注重知行合一，内化于心，强调学生平时的课堂表现、作业的完成情况及期末考试时对诚实守信的遵守。其具体考核方式及内容如表4-15所示。

表4-15 保险学课程考核方式及内容

考核方式		考核内容	所属章（单元）	相应权利	占比（合计100%）	课程目标					
						知识	应用	整合	情感	价值	学习
过程性考核	课堂表现	考核学生出勤情况、线上自主学习、线上讨论、线下讨论、笔记等	全部	10%	40%				√		
	阶段测验	线上测试，考核学生对于保险学基础知识、基本理论与相关法律法规的识记、理解、分析与评价，诚信完成	一、二、三、四、五、六、七	30%		√	√		√		

(续表)

考核方式		考核内容	所属章(单元)	相应权重	占比(合计100%)	课程目标					
						知识	应用	整合	情感	价值	学习
过程性考核	案例分析与计算	线上作业，考核学生对于保险合同、保险基本原则相关法律法规及实务知识的识记、理解、分析与应用，诚信完成	三、四	30%	40%(续)	√	√	√	√		
	读书笔记分享与交流	考核学生对保险领域的现状与趋势，以及对热点问题的把握，诚信完成	一、二、三、四、五、六、七	10%		√				√	
	专题报告(围绕现实中保险热点问题进行分析与研究，并进行成果展示与交流)	考核学生对保险现实问题的分析与评价能力，考核学生自主学习、合作学习与沟通交流的能力，诚信完成	八	20%				√		√	√
		小计		100%							
终结性考核	期末闭卷考试	线下考核，考核学生对于保险学基础知识、基本理论与相关法律法规的记忆、理解、分析、应用与评价，诚信考试	一、二、三、四、五、六、七	100%	60%	√	√	√	√		

4.5.4 课程思政教学设计

以下是保险学课程思政教学设计范例。

保险学课程思政教学设计范例

○ **教学内容** 投保人的告知义务
○ **教学背景**
最大诚信原则是公认的保险四大基本原则之一，是保险业持续健康发展的基石。保险法上的如实告知义务是最大诚信原则的具体表现之一。投保人履行如实告知义务是保险合同签订过程中非常重要的一个环节，影响着投保人和保险人签订合同的合意程度。近年来，我国保险纠纷中围绕如实告知义务的案件逐年增多，正确理解和运用告知义务的相关法律规定尤为重要。
○ **教学目标**
 1. 知识目标
 (1) 理解投保人告知义务的内容。
 (2) 熟悉投保人告知方式的法律规定。
 (3) 掌握违反告知义务的情形及法律后果。

2. 能力目标

(1) 通过分析投保人告知内容及方式，培养学生调查分析投保人是否违反了如实告知义务的能力；

(2) 通过对涉及投保人告知义务案例的分析、讨论及课堂辩论，培养学生运用最大诚信原则评判保险热点与纠纷的能力，以及批判性思维和探究能力。

○ **教学方法**

教学过程中采用情景模拟教学法、问题导向教学法、案例教学法、互动教学法、辩论教学法等教学方法。

○ **思政元素**

"诚信"是社会主义核心价值观在个人层面的价值准则，是社会和谐稳定的基石。"法治"是社会主义核心价值观在社会集体层面的价值取向，是维护国家稳定、维持社会秩序的可靠手段。本单元的思政元素体现在"诚信"和"法治"上。通过"投保人如实告知义务"的学习，使学生明白这不仅是法律的规定，也是一种道德规范，进一步增强大学生诚实守信的道德自觉性。通过对投保人违反告知义务的不同情形进行法理分析，以及开展课堂辩论，加深学生对"以事实为根据，以法律为准绳"的理解，使学生明辨是非，树立法治观念，增强法治意识。

○ **教学过程**

线上：中国大学 MOOC

课前，学生在中国大学 MOOC 观看指定的视频。

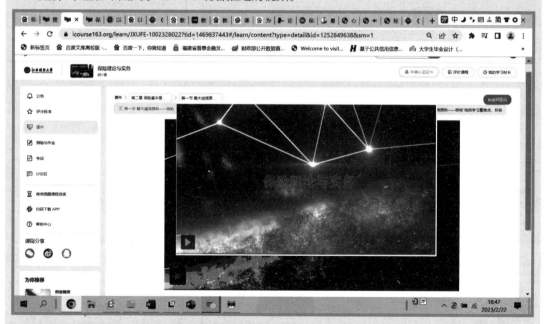

线下：课堂教学

1. **案例导入：梅艳芳保险案例**

(1) 设计目标：选择名人保险案例作为切入点，容易吸引学生注意力，有效地激发学生学习积极性。

(2) 教学活动：通过名人保险案例引出问题。保险公司为什么拒赔？作为投保人，如何避免出险后拒赔？

2. **知识点一：投保人告知的内容**

(1) 设计目标：在导入案例的引导下，通过提问的方式，一步步引导学生分析出投保人告知的内容是什么，从而让学生更充分地内化知识。

(2) 教学活动：
- 明确投保人告知的内容是"重要事实"；
- 准确定义并解释"重要事实"这一概念。

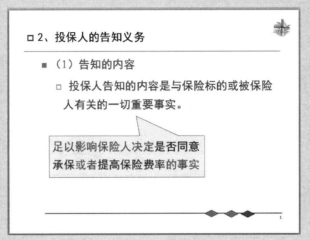

3. **知识点二：投保人的告知方式**
(1) 设计目标：对比列示保险法与海商法关于投保人告知义务的规定，在比较中让学生理解两种告知方式的告知范围不同。
(2) 教学活动：
- 准确解释两种告知方式告知的范围及实践中的体现；
- 引导学生思考为什么保险法与海商法关于告知方式有不同的规定。

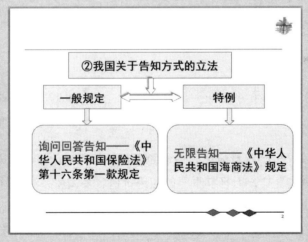

4. **知识点三：投保人告知义务的违反**
(1) 设计目标：通过利用案例对投保人违反告知义务的认定、违反告知义务的法律后果等进行分析，以及进行课堂辩论，培养学生利用最大诚信原则对保险纠纷进行分析的能力，并通过层层设问培养学生的探究精神。
(2) 教学活动：
- 列举投保人违反告知义务的情形并进行解释；
- 层层提问，深入阐述投保人违反告知义务的法律后果。

5. 理论/思政升华

(1) 设计目标：引入社会主义核心价值观中"诚信"和"法治"的价值要求并进行分析。

(2) 课程思政：诚实守信是中华民族的优良传统。引导学生懂得诚信是做人做事最基本的要求，不讲诚信必将自食恶果。社会主义核心价值观中的"法治"内含着中国共产党推进法治中国建设的战略性思考，体现了社会主义的核心价值追求。树立法治观念、法治意识，是公民素质提高的重要标志。引导学生思考：作为一名大学生，如何在日常生活、工作中坚守诚信，强化法治观念、法治意识。

4.6 财政学课程思政建设

4.6.1 课程简介和目标

1. 课程简介

财政学是一门研究政府理财或公共理财的课程，作为一门重要的专业"理论课程"，不仅有系统的学科理论框架，而且有重要的应用价值。知识体系涉及财政与经济关系、政府与市场关系、财政理论体系结构、财政政策机制与运用等内容。它是联系一般经济理论与具体财政制度和政策的桥梁，使一般经济理论具体化，又是具体财政制度与政策制定和实施的基础。其主要研究政府在市场经济体制下收入来源及运用的规律性、运作机制和方法，内容具有宏观性、综合性、应用性等特点。

2. 课程目标

财政学课程为专业必修课程。通过本课程的教学，学生能够达到以下目标。

(1) 知识：学生能够陈述并解释财政的基本含义、财政的基本特征，以及市场失灵、政府干预、公共物品、公共需要等基本概念；能够阐述财政支出与财政收入的基本理论；能够解释税收原理、税收的经济效应；能够陈述并解释财政平衡和财政赤字、财政政策干预经济的手段和工具。

(2) 应用：学生能够应用财政的基本理论和知识，分析我国现实经济生活中的财政现象、财政问题。

(3) 整合：学生能够结合其他专业知识，整合财政学的基本原理分析、评价那些已经或正在发生的财政现实问题。

(4) 情感：学生能够参与协作学习，具有团队合作意识，能够就财政问题撰写报告，进行成果展示和有效沟通与交流。

(5) 价值：熟悉与财政学专业相关职业和行业的方针、政策和法律、法规。

(6) 学习：学生能够利用 MOOC、微课等线上学习课程和资源，开展自主学习，提升自主学习能力。

4.6.2 课程特点与思政目标

财政学具有较强的理论性、应用性和时代性，如何克服理解和应用方面的难题，如何将定性研究和定量研究衔接，如何分析、评价那些已经或正在发生的财政现实问题，财政学的基本理论知识应如何遵循并与现实经济形势接轨，是财政学教学的重点和目标。

财政学课程要坚持立德树人根本任务，将社会主义核心价值观教育贯穿在课堂教学中，培养学生的民族自豪感，弘扬优秀传统文化，培养家国情怀。把价值引领、知识传授、能力培养有机统一起来，推进全员全过程全方位育人，当好学生健康成长路上的指导者和引路人，使学生能够成长为有坚定的理想信念、高尚的道德情操，掌握先进科学技术的专业人才。

4.6.3 课程思政教学实施路径

1. 课程内容的思政元素

财政学课程深入挖掘思政元素，将马克思主义世界观和方法论、中国特色社会主义理论和实践、社会主义核心价值观、中国方案与智慧、家国情怀等思政元素与教学内容有机融合，使学生能够认识知识的理论背景，并学会运用马克思主义实事求是的哲学观指导学生课程学习及课后实践，最终达到"学思悟践、知行合一"的教学目的。财政学课程的思政内容或案例及思政元素如表 4-16 所示。

表 4-16 财政学课程的思政内容或案例及思政元素

模块	课程主要内容	思政内容或案例	思政元素
第1章 财政的基础理论	公共财政概述 公共财政思想	财政的起源 公共财政的思想	民族自豪感 马克思主义理论
第2章 财政职能	政府与市场 财政职能	政府与市场的关系 新时代中国共产党的历史使命	中国特色社会主义理论和实践 爱党爱国

(续表)

模块	课程主要内容	思政内容或案例	思政元素
第3章 财政支出	财政支出总论 财政支出经济效应 财政支出规模 财政支出结构	贯彻新发展理念，建设现代化经济体系 深化供给侧结构性改革 财政支出的结构(教育、国防、科技、医疗卫生)	守正创新、民族自豪感 中国方案与智慧 人民至上 改革与创新
第4章 财政收入	财政收入规模 财政收入结构 税收 非税收入	财政收入的变化 财政收入结构的变化 税收的影响 非税收入的改革	社会主义核心价值观 人民至上 勇于突破创新
第5章 公债	公债概述 公债负担 公债管理	公债的功能 公债的负担及影响	中国特色社会主义道路优越性
第6章 政府预算和财政体制	预算管理制度改革 分级财政体制 财政体制改革	中国预算管理制度的变革 中国财政体制改革	马克思主义世界观和方法论 中国特色社会主义道路优越性
第7章 财政政策	财政平衡与财政赤字 财政政策	新时代的财政政策	中国特色社会主义理论和实践 家国情怀

2. 学习活动和教学活动

结合财政学教学内容，紧密结合时事政策，采用场景化教学案例，将课程各章节内容与思政元素有机融合，设计思政案例，通过真实案例对现实财政问题进行分析，强化学生理论知识，并结合案例分析、数据分析、政策分析等多种方法，增强理论学习和实践应用相结合的能力，进一步强化学生对思政内容的认同感。

3. 思政教育的考核方式

财政学课程考核不仅注重理论知识和实践能力的考核，还将思政教育对学生的影响效果纳入考核体系，考核原则包括：①过程性考核与终结性考核相结合；②线上考核与线下考核相结合；③知识考核、能力考核和价值考核并重(见表4-17)。

表4-17 财政学课程考核方式及内容

考核方式		考核内容	相应权重	占比(合计100%)	课程目标					
					知识	应用	整合	情感	价值	学习
过程性考核	作业	考核学生对于财政学基础知识、基本理论与基本方法的识记、理解、分析与评价	30%	60%	√					
	小测试	考核学生对财政学学基础知识、基本理论与现象的识记、理解与分析	30%		√	√				

(续表)

考核方式		考核内容	相应权重	占比(合计100%)	课程目标					
					知识	应用	整合	情感	价值	学习
过程性考核	案例分析小组展示与交流(分析财政现象,并进行成果展示与交流)	考核学生运用财政学方法分析与评价现实经济现象的能力,考核学生自主学习、合作学习与沟通交流的能力	40%	60%(续)			√	√	√	√
	小计		100%							
终结性考核	期末作业(研究论文)	考核学生分析现实财政学现象的基本技能,考核学生的分析与写作能力,及其对相关职业道德的理解	100%	40%	√	√	√			

4.6.4 课程思政教学设计

以下是财政学课程思政教学设计范例。

财政学课程思政教学设计范例

○ **教学内容**　财政政策的运行机理
○ **教学背景**
　　财政政策的运行机理是财政政策手段和工具的应用、效应评价。本次授课内容围绕财政学课程中财政政策的运行机理这一核心内容展开,深入分析财政政策的目标、手段和财政政策乘数等内容,探讨财政政策在新冠疫情下的实施策略和实施效果。该内容具有很强的财政学的特色,同时是财政学课程承上启下的重点和难点内容,不仅是对于前序财政政策概述的延续和扩展,而且对于学生掌握并理解财政政策的基本概念,并科学运用财政政策工具手段开展后续政策评价、公司治理、个人理财规划等多领域、多角度的研究提供方法论支撑。
○ **教学目标**
　1. 知识目标
　(1) 理解财政政策目标。
　(2) 掌握财政政策手段。
　(3) 掌握财政政策乘数。
　2. 能力目标
　(1) 培养学生的逻辑思维和辩证思维能力。
　(2) 培养学生运用理论知识解决实际问题的能力。
　(3) 使学生具有针对实际案例进行综合分析与决策的能力。
○ **教学方法**　渐进式教学法、案例分析法、互动启发式教学法、研究式教学法、翻转课堂教学法
○ **思政元素**　社会主义核心价值观、社会主义制度优越性、民族自豪感
○ **教学过程**
　线上:中国大学 MOOC
　课前,学生在中国大学 MOOC 观看指定的视频。
　线下:课堂教学
　1. 视频展播
　首份财政政策执行报告,发布一个"信号",四个"对冲"。

2. 案例分析

根据视频，分析首份财政政策执行报告发布的四个"对冲"。

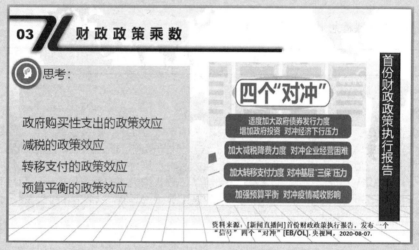

3. 设问
- 如何对冲？
- 对冲手段有哪些？
- 对冲效果如何？

4. 重点讲解
- 财政政策乘数的推导。
- 财政政策乘数的作用。
- 财政政策乘数的比较。

5. 问题导向
- 财政政策乘数的手段有哪些？
- 财政政策乘数的作用如何？
- 财政政策乘数的大小如何比较？

6. 结合案例归纳演绎
(1) 结合导入案例，归纳财政政策乘数的手段、作用和大小。
(2) 分析现阶段财政乘数的手段及作用。

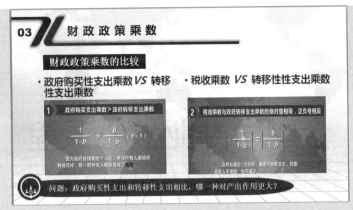

7. 财政政策运行机理的拓展分析
(1) 研究论文索引；
(2) 权威期刊论文分析以筹措和发行的地域为标准；
(3) 得到一些启示。
8. 延伸分析
新视角、新思路。

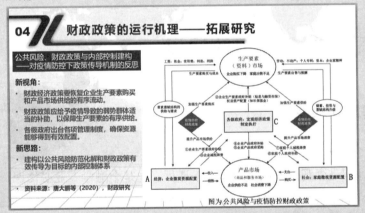

9. 本节回顾
● 财政政策目标
● 财政政策手段
● 财政政策乘数

10. 延伸阅读
● 唐大鹏，冯婉昕，王伯伦. 公共风险、财政政策与内部控制建构——对疫情防控下政策传导机制的反思[J]. 财政研究，2020(09)：14-28.
● 陈创练，郑挺国，姚树洁. 时变乘数效应与改革开放以来中国财政政策效果测定[J]. 经济研究，2019，54(12)：38-53.

11. 课后作业
(1) 完成中国大学MOOC平台的本节测试。
(2) 撰写课程论文，具体要求如下。
　　＊主题：新冠疫情影响下的财政政策及作用效果。
　　＊要求：不少于2000字。
　　＊形式：小组合作完成(每组不超过3人)。
(3) 自学"第三节 财政政策类型"MOOC平台视频公开课，完成蓝墨云班课自学检测题目。

第 5 章
金融学专业核心课程

5.1 公司金融课程思政建设

5.1.1 课程简介和目标

1. 课程简介

公司金融课程是微观金融的基础和主干课程,也是金融学专业必修课,主要研究公司价值创造问题。公司金融以公司金融活动作为研究对象,以公司价值最大化作为研究目标,以公司的融资决策、投资决策和股利决策作为研究内容,主要阐述公司金融的基本理论,如公司价值理论、资本结构理论、资本成本理论、投资理论和股利政策理论,以及这些理论在公司金融实践中的运用。

公司金融课程对学生的实践应用能力有较高的要求。课程以筹资、投资、营运资金、利润分配为主线,紧密围绕公司金融的基础、筹资管理、投资管理、资本结构决策、股利决策5个方面。课程全部采用模块化设计,每一模块均设置不同的成果任务,所有任务均来自实际公司金融问题,用来检验学生的学习成果。

通过本课程的教学,学生可建立起有关公司金融的理论体系,掌握公司金融的基本理论框架及分析方法,提高运用公司金融理论分析、解决公司金融实践问题的能力,为今后从事公司金融的理论研究和实践工作奠定良好的理论基础。

2. 课程目标

公司金融课程为专业必修课程。通过本课程的教学,学生能够达到以下目标。

(1) 知识：学生能够陈述并解释关于时间价值、风险溢价、复利、净现值、资本预算、内涵报酬率、有效市场假说、MM 理论、资本资产定价模型、财务报表分析、实物期权等方面的基本知识和理论；能够比较、分析与评价主要的公司金融理论，比较、分析与评判主要的公司金融具体政策；能够扼要陈述并解释公司金融领域的发展现状与趋势。

(2) 应用：学生能够应用杜邦财务分析体系，对上市公司中期报告和年报进行分析，提出投资建议和操作方案；能够应用资本预算的判断指标，为企业筛选出能够增加企业净现值的投资项目；能够应用资本资产定价模型等，设计合理的投融资方案。

(3) 整合：学生能够结合其他专业课知识，整合应用公司金融的基本原理分析、评价那些已经或正在发生的上市公司现实问题。

(4) 价值：学生能够在公司金融实践活动中理解并遵守相关金融职业道德和规范，履行责任。

(5) 情感：学生能够参与协作学习，具有团队合作意识，能够就微观金融问题撰写报告，进行成果展示和有效沟通与交流。

(6) 学习：学生能够利用 MOOC、微课等线上学习课程和资源，开展自主学习，提升自主学习能力。

5.1.2 课程特点与思政目标

公司金融课程具有较强的理论性、应用性和时代性。一方面，通过本课程的教学，要求学生掌握必要的公司金融基础理论知识，如有关现值决策、风险溢价计算、投资组合理论、资本预算、最优资本结构、MM 理论、营运资本管理与财务报表分析等方面的基本概念和基本理论；另一方面，通过本课程的教学，培养学生运用公司金融理论正确观察和分析国内、国际发生的重大公司现实问题的能力。同时，在现实经济生活中，上市公司监管、经营环境和业务实践出现的新现象、新问题、新事件层出不穷，所以在教学内容上必须与时俱进，不断更新。

在人类走向现代的历程中，世界市场逐渐展露全貌，跨越血缘、地缘，凝聚个体之力的公司随之诞生。公司，被称为近代以来最伟大的组织创新。公司带来了人类历史上最快速的经济增长，也将自己发展成一个超越社会控制的权力组织，引发了尖锐的社会矛盾。该如何面对个人权利和公司利益的冲突？如何在资本扩张和社会公正间寻找平衡？在经济发展新常态的时代背景下，转变经济结构、振兴实体经济，我们甚至比以往更加渴望企业家和企业家精神。

为此，本课程以"企业家精神"为核心确定了开展思政教育的 3 个切入点：爱国敬业遵纪守法、艰苦奋斗；履行责任、敢于担当、服务社会；创新发展、专注品质、追求卓越。进一步，将这 3 个切入点具体化为 18 个思政元素，具体情况如表 5-1 所示。

表 5-1 公司金融课程思政教育切入点和思政元素

思政教育切入点	知识要点	思政元素
爱国敬业、遵纪守法、艰苦奋斗	证券估值	诚信精神
		民族自信
		专注品质
	资本预算	敬畏市场
		忠诚勤勉
		敬畏专业
履行责任、敢于担当、服务社会	融资决策	敬畏风险
		敢于担当
		审慎履职
	资本结构	创新发展
		契约精神
		社会责任
创新发展、专注品质、追求卓越	股票分红	敬畏法制
		回报社会
		职业操守
	并购重组	诚信立身
		国际视野
		中国方案

深化课程思政，实现全程、全方位育人。深入挖掘课程蕴含的思政元素，将其"润物无声"地融入教学全过程，在知识传授中强调价值引领。比如在介绍委托代理理论时结合公司信息披露的重要性、内幕交易的危害性对学生进行法治教育，使学生树立法治意识；在资金的时间价值章节通过单利计息和复利计息知识点，引出"校园贷"的本质和危害，教育学生要有理性的消费观念，不要因为盲目攀比的消费活动而给自身和家庭造成经济及精神压力；介绍财务报表分析时结合财务人员对公司的重要性，教育学生们在工作中要时刻谨记身份，恪守职业道德，端正职业态度等。准确把握好课程思政的"时""效""度"，需要教师深入挖掘思政元素所蕴含的价值精髓，点滴渗透。

上述公司金融课程思政目标为专业思政目标(培养兼具专业知识与人文素养、兼具国际视野与家国情怀、兼具职业精神与社会责任感的高水平应用型人才，使其成为支撑新金融战略发展、为数字经济服务的金融行业骨干)提供了有力支撑。

5.1.3 课程思政教学实施路径

1. 课程内容的思政元素

根据教学目标覆盖"知识+能力+价值塑造"的要求,我们立足公司金融课程的特点和思政元素,对教学内容进行了选择性优化重塑,构建了"知识探究—能力培养—价值塑造"三位一体的教学内容体系。具体来说,教学内容按照"基础知识—理论—实务—政策—现实与热点"的逻辑框架展开,梳理出每章的知识点和思政融入元素及载体(见表5-2),以便主讲教师有的放矢地开展思政教学。

表 5-2　公司金融课程的知识点和思政融入元素及载体

章	知识点	思政融入元素及载体
第1章　绪论	公司金融的目标	1. 利益矛盾和冲突:不畏困难,在学习上,生活上,以及今后的工作上,有了矛盾和冲突,都不要畏惧和退缩,而是应该积极想办法去协调或解决,让困难得到缓解,或者让问题不再成为问题。 2. 社会责任与利益冲突:借助蒙牛"产业扶贫+营养扶贫+定点扶贫"三位一体的创新扶贫工作模式、中国邮政践行社会责任及切实做好服务保障工作、鸿星尔克向灾区进行捐赠等案例培养学生社会责任感和进行爱国主义教育
第2章　公司金融的价值观念	货币时间价值	1. 借助巴菲特的故事来提醒同学们要懂得用钱生钱的道理,养成节约的习惯,推迟消费,科学理财,把握财富增长秘密,培养财务素养和职业精神。 2. 年金时间价值:通过同学们的学费和住宿费举例,提醒同学们不负韶华、持续学习、投资自己、蓄能未来
	风险与报酬	1. 借助《三国演义》中草船借箭的故事的价值观来揭示风险和收益之间的对应关系,提醒同学们在学习和以后的工作中都要脚踏实地,务实肯干。 2. 单项资产风险与报酬:将统计学知识运用到财务学中,要学会融会贯通,并能够牢固树立风险意识,把握风险对策。 3. 证券组合风险与报酬:通过案例分析,做到学以致用,有效控制风险
	证券估值	通过证券投资领域中经典的中石油案例和2021年教育培训板块股票的暴跌提醒学生证券投资风险很大,在做出投资决策之前,应认真对投资对象的价值进行评估,慎重理财

(续表)

章	知识点	思政融入元素及载体
第3章　财务分析	财务分析概述	在导入部分借助经典案例"安然事件"和当年的热点案例"瑞幸咖啡财务造假事件",引导学生形成正确的价值观,以及求真务实、精益求精的进取精神
	财务能力分析	借助偿债能力、盈利能力、营运能力、发展能力的有关指标的计算和分析,批判财务不实、造假或舞弊行为,升华会计职业道德价值观
第4章　长期筹资管理	长期筹资概述	筹资渠道与筹资方式:借助非法集资和为了筹资进行财务造假的案例,提醒青年学生一定要诚信守法,牢固树立法治观念,不得组织或参与非法集资
	股权性筹资	股权性筹资:涉及《中华人民共和国公司法》相关内容,引导学生树立法治观念,严格遵守法律法规
	债务性筹资	1. 银行借款:债务筹资要合理化,考虑企业是否能够按期还本付息,要求诚信为本、重合同、守信用。 2. 公司债券筹资:涉及《中华人民共和国公司法》相关内容,引导学生树立法治观念,严格遵守法律法规
	杠杆利益与风险	1. 杠杆效应是双刃剑:培养辩证思维方式。 2. 结合三类杠杆与企业的经营风险、财务分析和总体风险之间的关系,深刻理解各类风险的致险因素,树立风险意识,加强风险防范和应对
	资本结构决策	通过乐视资金链危机的案例,揭示负债水平越高,企业的财务风险越大,一旦出现资金周转不灵,企业便会陷入困境,因此,无论是企业,还是家庭和个人,都应合理安排债务资金的比重
第5章　资本预算	长期投资概述	1. 有投入才会有产出,一分耕耘一分收获,提醒学生走的每一步都要脚踏实地,切勿好高骛远。 2. 企业投资过程分析:开展创新创业教育
	项目投资决策评价	1. 借助项目投资案例培养学生的辩证思维,以及发现问题、分析问题、解决问题的能力。 2. 通过案例引导学生思考项目投资决策评价分析要考虑的因素,首先要合法合规,其次要符合高质量发展和"五位一体"总体布局,不忽视社会效益和生态效益
第6章　短期资产管理	现金管理	1. 加强财务素养培养,现金是最受欢迎的资产,管理上最容易出问题,运用案例强调一定要做好现金内控。

(续表)

章	知识点	思政融入元素及载体
第6章　短期资产管理	现金管理	2. 借助相关案例进行职业道德教育，告诫学生要洁身自好，守住底线，注意保护自己，莫起贪念
	应收账款管理	应收账款是最令人头疼的资产，要善于与客户方进行沟通，在应收账款的催收中要合理合法
第7章　短期筹资管理	自然性筹资	合理利用供应商提供的商业信用，做人做事都要诚实守信，遵守规则，保持良好的信用
	短期借款筹资	短期借款具有较大灵活性，企业要善于与银行沟通协调
第8章　股利分配	股利及其分配	股利分配要依法进行，且兼顾各方利益，妥善处理分多少和留多少的问题；并结合方大特钢股利分配案例，引导学生要遵纪守法，公平合理处理经济事项，兼顾各方利益。 1. 股利政策的影响因素之一——契约性因素：引导同学们有契约精神，诚实守信。 2. 股利政策的选择：要有大局观，兼顾各方利益及长短期利益

2. 学习活动和教学活动

在教学过程中，灵活使用多种学习活动和教学活动，让思政教育有温度、有热情、有深度。从知识结构和学习能力出发，以实践与应用为主线优化课程体系，紧跟学科前沿，以 SOLS(成果任务导向)出发，精选典型模块任务，以学习设计者的角度构建学习情境，实现从实际出发到理论知识学习再到实践应用的闭环学习过程。重构资源，教学不再依靠单纯的书本知识，将慕课、模块任务、典型案例、直播教学等多种教学资源进行整合重构，形成内容丰富、逻辑结构合理、实用性较强的教学内容体系。融合知识，以成果任务为导向，将碎片化的知识系统化，形成从应用中来到应用中去的教学闭环。

3. 思政教育的考核方式

立足 OBE 成果导向教育理念，公司金融课程遵循以下原则进行考核：①过程性考核与终结性考核相结合；②线上考核与线下考核相结合；③知识考核、能力考核和价值考核并重。

在思政教育考核方面，特别强调学生能够做到诚信守时，按时上课，原创性完成各项作业或任务，能够从金融和财务知识中悟到财务智慧，提升品位和格局，能够在实践活动和实际工作中理解并遵守相关金融职业道德和规范。具体考核方式及内容如表 5-3 所示。

表 5-3　公司金融课程考核方式及内容

考核方式		考核内容	所属单元	相应权重	占比(合计100%)	课程目标					
						知识	应用	整合	情感	价值	学习
过程性考核	作业	考核学生对于公司金融基础知识与基本理论的识记、理解、分析与评价	一、二、三、四、五、九、十、十一	25%	50%	√			√		
	读书笔记分享	考核学生对公司金融领域实务问题及发展趋势的把握	一、二、三、四、五、九、十、十一	15%		√		√		√	
	专题研究报告	考核学生对公司金融基本理论问题的思辨能力，考核学生自主学习、合作学习与沟通交流的能力	十二	30%				√		√	√
	投融资方案设计	考核学生对基本理论的实际应用能力和操作技能，考核学生对相关职业道德的理解与贯彻	六、七	30%		√	√	√	√		
		小计		100%							
终结性考核	期末闭卷考试	考核学生对于公司金融基本概念、基本理论、基本技能与方案设计的记忆、理解、分析、应用与评价	一、二、三、四、五、九、十、十一	100%	50%	√	√	√			

5.1.4　课程思政教学设计

公司金融课程思政教学设计范例如下。

公司金融课程思政教学设计范例

○ **教学内容**　经典资本结构理论——MM 定理
○ **教学背景**
　　中外公司运营实践表明，与行业、企业特征匹配的目标资本结构是管控财务风险和防范资金断流的"底线"。当前，在经济由高速增长转向高质量发展和资本市场注册制推出的背景下，企业目标资本结构的选择更显重要。
教学目标
　　1. 知识目标
　　(1) 理解资本结构的内涵。
　　(2) 掌握 MM 第一定理和第二定理。
　　2. 能力目标
　　(1) 通过环环相扣的教学问题，循序渐进推进教学过程，训练学生的逻辑思维能力。
　　(2) 能够运用 MM 定理相关理论分析现实问题，引导学生透过现象看本质，培养学生的辩证思考和批判思考能力。
○ **教学方法**　场景模拟、问题导向、案例分析、启发互动
○ **思政元素**
　　通过"理论先行—案例支持—辩论反思—思政升华"的行动学习提高学生的分析能力，提升学生财务素养。领悟资本结构所决定的利益相关者之间的和谐性与公平性，理解并践行社会主义核心价值观。

○ **教学过程**
  线上：中国大学 MOOC
  (1) 课前：学生在中国大学 MOOC 观看指定课程的相关视频。
  (2) 课前：预习云班课对应板块的学习资料。
  线下：课堂教学
  1. 导入：列出 MM 理论
  结合华为融资结构真实数据引出本节课内容——MM 理论，搭建"资本结构理论"基本框架。

  (1) 设计目标：在专业的理论基础之上，选择热点现实问题作为切入点，能够有效地激发学生学习积极性，同时起到引导学生正确认识和分析现实问题的作用。
  (2) 问题引导：华为的负债比例是否偏高？与同类公司相比，华为公司的融资结构有什么特点？
  (3) 教学活动：通过案例导入引出资本结构的概念。
  2. 关键概念：资本结构
  (1) 设计目标：在案例引导下，通过设问的方式，引出资本结构的概念及其对公司价值可能产生的影响。
  (2) 教学活动：
  ● 准确定义并解释"资本结构"概念；
  ● 简单讲解"资本结构"理论的发展历史。
  3. 核心内容：MM 定理
  (1) 设计目标：通过建立假设条件和放宽假设条件，在比较中推演出 MM 理论的第一定理和第二定理，层层递进，逻辑演绎，一环扣一环。

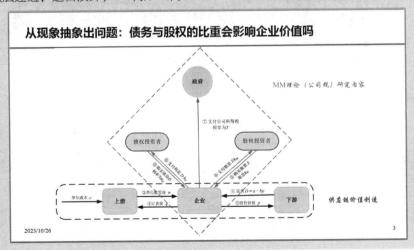

(2) 教学活动：
- 讲解 MM 理论的主要假设，进而引出 MM 第一定理；
- 讲解 MM 第一定理的公式 1 和公式 2；
- 讲解 MM 理论第二定理的公式 1 和公式 2；
- 对第一定理和第二定理进行比较分析，总结与反思 MM 理论。

2.2 MM理论—假设条件

1. 理论假设：

① 企业风险同一性（Homogeneous Business Risk）

② 预期盈利同一性（Homogeneous Expectation in Earning）

③ 债务无风险性（$K_d = R_f$）

④ 资本市场完备性（Perfect Market）

⑤ 盈利恒等（EBIT 不改变）

2.3 MM定理—企业价值模型

公式表示：

$$V = V_L = V_U = \frac{EBIT}{K_A} = \frac{EBT}{K_{SU}}$$

V：公司价值

V_L：有负债（杠杆）的公司价值

V_U：无负债（杠杆）的公司价值

K_A：有负债公司的资本加权平均资本成本，即 WACC

K_{SU}：无负债公司的普通股必要报酬率，也是权益资本成本率

MM理论—证明

$$\because V_U = \frac{EBIT}{K_{SU}} \Rightarrow EBIT = K_{SU} \times V_U$$

$$\text{又} \because V_U = V_L = S_L + D$$

$$\therefore EBIT = K_{SU} \times V_U = K_{SU} \times (S_L + D)$$

$$\text{又} \because S_L = \frac{EBIT - K_D D}{K_{SL}}$$

$$\therefore S_L = \frac{EBIT - K_D D}{K_{SL}} = \frac{K_{SU} \times (S_L + D) - K_D D}{K_{SL}}$$

$$\therefore K_{SL} = \frac{K_{SU} \times (S_L + D) - K_D D}{S} = K_{SU} + (K_{SU} - K_D)\frac{D}{S}$$

4. 社会问题讨论：公司融资的债务比例到底多大合适

(1) 设计目标：发挥债务融资的节税作用和防范债务融资的财务风险，培养学生辩证思考能力，鼓励学生课后阅读和思考。

(2) 教学活动：
- 以恒大债务危机为例分析过度债务融资可能引发的社会问题；
- 培养学生全面、辩证分析问题的意识和习惯。

5. 理论/思政升华

(1) 设计目标：以问题为导向，强化规则意识，底线思维。

(2) 课程思政：通过分析讨论"为什么债务在当前是无痛的，因而具有迷幻色彩"这一问题，让学生明白不能触碰"校园贷""套路贷"，拒绝过度消费；通过探讨资金来源的"取之有道"问题，说明必须"用正确的方式做正确的事情"，防止普惠金融变为庞氏骗局；通过讨论"去杠杆的实质是什么，为什么要去杠杆"这一问题，深刻理解国家"去杠杆、去产能、去库存""降低融资成本""补短板"的政策和引导经济脱虚向实的决心和魄力。

5.2 国际金融课程思政建设

5.2.1 课程简介和目标

1. 课程简介

国际金融课程是金融学专业的核心课程，旨在引领学生认识有关外汇、汇率、国际收支等方面的基本概念，掌握有关汇率决定、国际收支平衡与失衡等方面的基本理论，理解一国政府关于汇率制度选择、内外均衡政策搭配等方面的基本政策，熟悉外汇市场的运作框架、外汇交易实践操作流程和企业外汇风险管理的基本方法与策略，了解当今发生的一系列关于国际金融的热点问题。

本课程综合运用讲授、启发式教学、讨论教学、案例教学、模拟实践教学等多种教学方法，使学生具备有关国际金融领域的基本知识、基本理论和基本分析方法，具有外汇投资分析及外汇风险管理的应用技能，具有国际视野，熟悉金融全球化环境和职业道德标准。

2. 课程目标

国际金融课程为专业必修课程。通过本课程的教学，学生能够达到以下目标。

(1) 知识：学生能够陈述并解释关于外汇、汇率、汇率制度、国际收支、国际货币体系、国际金融市场、开放经济条件下宏观经济政策搭配与选择、国际储备、国际资本流动与金融危机等方面的基本知识和理论；能够比较、分析与评价主要的汇率理论，比较、分析与评价主要的国际收支理论；能够扼要陈述并解释国际金融领域的发展现状与趋势。

(2) 应用：学生能够应用汇率理论和外汇交易实务的知识，对外汇走势进行分析，实施外汇投资操作；能够应用外汇风险管理的理论与实务知识，分析外汇交易风险管理工具或方案的优劣。

(3) 整合：学生能够结合其他专业知识，整合应用国际金融的基本原理分析、评价那些已经或正在发生的重大国际金融现实问题。

(4) 情感：学生能够参与协作学习，具有团队合作意识，能够就国际金融问题撰写课程论文，进行成果展示和有效沟通与交流。

(5) 价值：学生能够做到诚信守时，原创性完成各项作业或任务，按时上课，能够在国际金融实践活动中理解并遵守相关金融职业道德和规范。

(6) 学习：学生能够利用 MOOC、微课等线上学习资源和图书馆资源，开展自主学习，提升自主学习能力。

5.2.2 课程特点与思政目标

国际金融课程具有较强的理论性、应用性和时代性。一方面，通过本门课的教学，要求学生掌握必要的国际金融基础理论知识，如有关外汇、汇率、汇率制度、国际收支、国际储备、国际金融市场、国际资本流动与金融危机等方面的基本概念和基本理论；另一方面，通过本门课的教学，培养学生运用国际金融理论正确观察和分析国内、国际发生的重大国际金融现实问题的能力，并且要求学生初步掌握一般的国际金融业务操作程序，如外汇交易实践操作(即期、远期、掉期、套汇与套利、外汇期货、外汇期权、互换交易等)、外汇风险管理(进出口商如何规避汇率风险等)等；同时，在现实经济生活中，国际金融市场风云变幻，国际金融领域的新现象、新问题、新事件层出不穷，所以在教学内容上必须与时俱进，不断更新。

立足课程的特点，在教学过程中需要解决以下问题：如何用辩证发展的眼光科学分析国际金融理论在社会经济实践演进过程中的优势与劣势；如何认识和分析国际金融领域层出不穷的新问题、新现象，引导学生做出理性回应和行动；面对中国在国际金融领域的实践和成就，如何理解其中的中国智慧与方案；如何打造学生的技能和职业素质与精神，使其成为一个合格的国际金融从业人员；等等。为此，国际金融课程确定了开展思政教育的 4 个切入点：社会主义核心价值观，思辨与探索，中国智慧与担当，企业责任与社会道德，并且将这 4 个切入点具体化为 14 个思政元素，具体情况如表 5-4 所示。

表 5-4 国际金融课程思政教育切入点和思政元素

思政教育切入点	思政元素
社会主义核心价值观	爱岗敬业
	家国情怀
思辨与探索	批判性思维
	科学假设、发展与创新
	理论联系实际
中国智慧与担当	中国成就

(续表)

思政教育切入点	思政元素
中国智慧与担当	道路自信
	政策认同
	实事求是
	守正创新
企业责任与社会道德	诚实守信
	风险意识
	优质服务
	创新奋进

由此，国际金融课程思政教育的三大目标确立为：首先，培养学生爱岗敬业、诚实守信、责任担当、创新奋进的职业精神和素养；其次，增强学生对国家国际金融政策的理解和认同；最后，树立学生对国家国际金融领域发展的制度自信和道路自信，激发学生的爱国情怀。国际金融课程思政目标为专业思政目标(培养兼具专业知识与人文素养、兼具国际视野与家国情怀、兼具职业精神与社会责任感的高水平应用型人才，使其成为支撑新金融战略发展、为数字经济服务的金融行业骨干)提供了有力的支撑。

5.2.3 课程思政教学实施路径

1. 课程内容的思政元素

根据教学目标覆盖"知识+能力+价值塑造"的要求，我们立足国际金融课程的特点和思政元素，对教学内容进行了优化重塑，构建了"知识探究—能力培养—价值塑造"三位一体的教学内容体系。具体来说，教学内容按照"基础知识—理论—实务—政策—现实与热点"的逻辑框架展开，梳理出每章的思政内容或案例及思政元素(见表5-5)，以便主讲教师有的放矢地开展思政教学。

表 5-5 国际金融课程的思政内容或案例及思政元素

模块	章	节	思政内容或案例	思政元素
基础模块	第1章 外汇与汇率基础	第2节 影响汇率变动的主要因素	新冠疫情期间人民币汇率的走势分析	家国情怀，中国方案与智慧
		第5节 汇率制度	世界"去美元化"的主要方式	风险意识，中国方案与智慧
		第6节 人民币汇率制度改革	1. 人民币汇率制度的演变； 2. 人民币中间价形成机制改革； 3. 人民币国际化的基本策略	中国方案与智慧，风险意识，家国情怀

(续表)

模块	章	节	思政内容或案例	思政元素
基础模块	第2章 国际收支基础	第2节 国际收支平衡表	净误差与遗漏项持续净流出可能暗示隐蔽的资本外逃	风险意识
		第4节 国际收支的平衡与失衡	国际收支顺差的利弊分析	思辨与探索，风险意识
		第5节 我国的国际收支状况	中国的货物贸易成就；货物贸易顺差是否越多越好	中国成就，家国情怀，思辨与探索
	第3章 国际货币体系	第5节 欧洲货币一体化	区域货币一体化的挫折与启示：解析"欧元陷阱"	风险意识
		第6节 国际货币体系改革	后院起火，美元一家独大的国际货币体系能走多远	风险意识，中国方案与智慧
理论模块	第4章 汇率决定理论	第1节 购买力平价理论	人民币的汇率变动是否符合巨无霸指数的推算	思辨与探索
		第2节 利率平价理论	人民币的汇率变动与购买力平价之间存在差异吗	思辨与探索——科学发展与假设
			利率平价理论在中国的现实检验	科学发展与假设；创新实践，中国成就
		第4节 资产市场说	汇率超调背后：人民币汇率韧性增强	风险意识
		总结	汇率理论的最新发展	科学发展，创新实践
	第5章 国际收支理论	第1节 弹性分析论	特朗普政策对中国马歇尔—勒纳条件的影响	思辨与探索——理论联系实际
			人民币升值和"反向J曲线效应"	思辨与探索——理论联系实际
实务模块	第6章 国际金融市场	第1节 国际金融市场概述	中国内地共有12个城市进入全球金融中心榜单	中国成就，家国情怀
		第2节 国际金融市场的主要类型	中企境外上市面临的现实挑战	风险意识与风险管理
			中国黄金市场的国际化	中国成就，家国情怀
		第3节 离岸金融市场	探索建立境内人民币离岸市场	风险意识与风险管理
	第7章 外汇市场与外汇交易	第1节 外汇市场与外汇交易概述	近十年我国外汇市场韧性明显增强	中国成就，家国情怀
		第2节 即期外汇交易	外汇保证金交易	风险意识，思辨与探索——批判性思维
		第3节 远期外汇交易	人民币离岸无本金交割远期外汇交易市场的兴与衰	中国方案与智慧，守正创新
		第6节 外汇期货交易	中行原油宝巨亏是一堂惨痛风险教育课	风险意识与风险管理

(续表)

模块	章	节	思政内容或案例	思政元素
实务模块	第8章 外汇风险管理	第1节 外汇风险概述	企业应对汇率波动一线观察：风险中性原则——"变不确定为确定"	风险意识与风险管理
		第2节 企业交易风险管理	中国企业"出海"，如何提高外汇风险管理能力——J公司的外汇风险管理	风险意识与风险管理
		第4节 企业经济风险管理	助力农产品跨境电商企业外汇风险管理实践	实践与探索
	第9章 开放经济条件下的宏观经济政策	第1节 政策配合理论	符合中国国情的各类政策协调搭配	中国国情与方案，思辨与探索
		第6节 蒙代尔—弗莱明模型的评价与政策启示	资本自由流动、货币政策独立性、汇率制度稳定性三元发展趋势研究——基于三元悖论理论	科学发展与创新
政策与管理模块	第10章 国际储备管理	第1节 国际储备概述	人民币国际储备货币地位不断增强	中国智慧与方案
		第2节 国际储备的规模管理和结构管理	SWIFT是"七伤拳"，黄金储备是"铁布衫"	风险意识与风险管理
		第3节 我国的国际储备管理	改革开放以来我国外汇储备的规模变化	中国成就，家国情怀
			美元霸权地位松动，外汇储备安全成各国头号考量	风险意识与风险管理
	第11章 国际资本流动管理	第1节 国际资本流动概述	近十年我国对外直接投资发展取得积极成效	中国成就，家国情怀
		第2节 国际资本流动与国际债务危机	我国的外债情况	思辨与探索，爱国情怀
			希腊债务危机	风险意识
		第3节 国际游资与金融危机	中国跨境资本流动面临的潜在风险	风险意识

2. 学习活动和教学活动

在教学过程中，灵活使用多种学习活动和教学活动，让思政教育有温度、有热情、有深度。采用案例教学和情景教学，植入思政案例和情景，让学生更有代入感，更易引起情感共鸣；实施协作学习，组织讨论交流，创造和谐的师生互动、生生互动的氛围，让情感越辩越浓烈，让道理越辩越清晰；通过让学生参加外汇交易模拟实践和竞赛活动，感性认识职业素养和职业精神；让学生通过参与撰写课程论文和科技活动，深入探究现实问题，理解中国国际金融的实践和故事。

3. 思政教育的考核方式

立足 OBE 成果导向教育理念，国际金融课程遵循以下原则进行考核：①过程性考核与终结性考核相结合；②线上考核与线下考核相结合；③知识考核、能力考核和价值考核并重。

在思政教育考核方面，特别强调学生能够做到诚信守时，按时上课，原创性完成各项作业或任务，能够在国际金融实践活动中理解并遵守相关金融职业道德和规范。具体考核方式及内容如表 5-6 所示。

表 5-6 国际金融课程考核方式及内容

考核方式		考核内容	所属章（单元）	相应权重	占比（合计100%）	课程目标					
						知识	应用	整合	情感	价值	学习
过程性考核	课堂表现	考核学生出勤情况、线上自主学习、线上讨论、线下讨论、读书笔记等	全部	15%	50%	√			√	√	√
	单元测试	线上测试，考核学生对于国际金融基础知识、理论与政策的识记与理解，诚信完成	全部	15%		√			√		
	单元作业	线下作业，考核学生对国际金融基础知识、理论与政策的识记、理解、分析与评价，诚信完成	全部	20%		√			√		
	课程论文	线下考查，考核学生对国际金融现实问题与热点问题的分析与评价，原创性完成	十二	25%		√	√	√		√	√
	外汇交易实践报告	线下考查，考核学生外汇交易实践操作能力及其对相关职业道德的理解，原创性完成，展示与交流	四、七	25%		√	√	√	√	√	√
		小计		100%							
终结性考核	期末闭卷考试	线下考核，考核学生对于国际金融基本概念、基本理论、基本技能与政策的记忆、理解、分析、应用与评价，诚信完成考试	全部	100%	50%	√	√	√			

5.2.4 课程思政教学设计

国际金融课程思政教学设计范例如下。

国际金融课程思政教学设计范例

○ **教学内容** 绝对购买力平价与巨无霸指数
○ **教学背景**
　　绝对购买力平价是购买力平价理论的一种形式。在现实的经济生活中，我们经常在财经新闻里看到有关巨无霸指数的报道。从本质上来讲，巨无霸指数的理论基础就是绝对购买力平价。那么，什么是绝对购买力平价？用巨无霸指数来衡量两国货币的汇率是否合理呢？人民币汇率的变动是否符合巨无霸指数的推算呢？本节课将对这些问题进行学习和探索。

○ **教学目标**
  1. 知识目标
  (1) 学生能够解释商品市场上的一价定律。
  (2) 学生能够理解绝对购买力平价的内涵和前提假设。
  2. 能力目标
  学生能够运用绝对购买力平价理论分析巨无霸指数存在的意义，理论联系实际，辩证看待巨无霸指数的合理性和局限性，引导学生透过现象看本质，培养学生的思辨能力。

○ **教学方法** 问题导向、启发互动、社会现实问题分析
○ **思政元素** 思辨与探索，理论联系实际
○ **教学过程**
  线上：中国大学 MOOC
  课前，学生在中国大学 MOOC 观看指定的视频。

线下：课堂教学
  1. 问题导入
  (1) 设计目标：选择现实问题作为切入点，能够有效地激发学生学习的积极性，引导学生正确认识和分析现实问题。
  (2) 问题引导：用巨无霸指数来衡量两国货币的汇率是否合理。
  (3 教学活动：通过导入现实问题引出一价定律和绝对购买力平价的概念。

2. 关键概念：一价定律

(1) 设计目标：在现实问题的引导下，通过设问的方式，引出一价定律的概念。这样这个概念就不是教师从外部硬性植入的，而是学生在分析现实经济问题的过程中自然生成的。

(2) 教学活动：
- 准确定义并解释"一价定律"的概念；
- 讲解"商品套购"的过程，理解商品套购发生的前提假设。

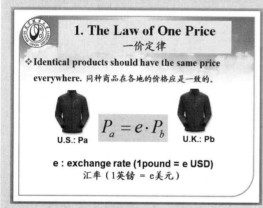

3. 概念剖析：绝对购买力平价

(1) 设计目标：让学生理解为什么绝对购买力平价理论是以一价定律为基础的，体会各个知识点之间的逻辑关系，训练逻辑思维能力。同时，理解绝对购买力平价的适用条件，为理论的应用做准备。

(2) 教学活动：
- 引导学生理解如何从"一价定律"导出"绝对购买力平价"；
- 说明绝对购买力平价如何从价格这一角度解释汇率的决定；
- 引导学生思考绝对购买力平价隐含的前提假设条件。

4. 现实问题讨论：巨无霸指数的合理性和局限性

(1) 设计目标：理解巨无霸指数存在的合理性和局限性，理解理论的前提假设条件与现实的差距，培养学生的辩证思维能力。

(2) 教学活动：
- 讲解现实中的巨无霸指数；
- 互动讨论巨无霸指数的合理性和局限性。

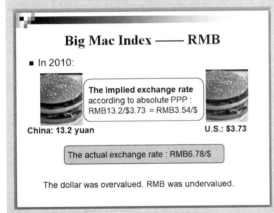
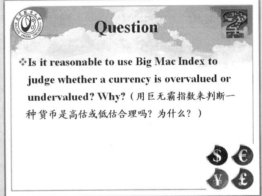

5. 理论/思政升华

(1) 设计目标：理解任何理论都有一定的前提假设，同时是一定现实环境的产物，当经济现实或环境不符合理论的假设时，理论的解释能力会变弱或消失。

(2) 课程思政：思辨与探索，理论联系实际。

5.3 商业银行业务管理课程思政建设

5.3.1 课程简介和目标

1. 课程简介

"商业银行业务管理"是金融学专业的核心课程，是一门具有较强的基础理论性、技术性和实践性的课程，是全国高等教育金融专业的主干课程。

本课程以我国商业银行业务与经营为主要研究对象，以《中华人民共和国商业银行法》和《巴塞尔协议》等法规和国际惯例为依据，吸收当代发达国家商业银行经营管理的经验，从理论和实际结合的角度全面讲述商业银行负债业务、资产业务、中间业务、零售业务等各种业务的操作规程，以及资本管理、资产负债管理及风险管理的经营策略。

2. 课程目标

商业银行业务管理课程为金融学专业必修课。通过本课程的教学，学生能够达到以下目标。

(1) 知识：学生能够概括并解释关于商业银行的经营原则、职能、业务种类及特征、组织结构、业务流程，以及资本管理、资产负债管理及风险管理等方面的基本知识和理论；并且能够列示负债业务、资产业务、中间业务、零售业务等主要商业银行业务的运作原理和操作技能。

(2) 应用：学生能够实施业务操作实践，并能够重点执行商业银行信贷、储蓄等业务的模拟操作；应用商业银行管理理论和方法，比较分析商业银行经营活动的科学性、合理性；能够应用商业银行业务操作的理论与实务知识，为银行信贷业务撰写基本的授信报告。

(3) 整合：学生能够结合其他专业知识，整合应用商业银行经营的基本理论分析、评价全球商业银行发展趋势和现代商业银行的经营动向。

(4) 情感：学生充分了解"习近平新时代金融治理思想""中国特色金融发展"等，树立道路自信和文化自信，能够具有国际化视野、民族自豪感、国家意识和时代责任感。

(5) 价值：学生能够在商业银行实践活动中理解并遵守相关金融职业道德和规范，履行责任。

(6) 学习：学生能够利用 MOOC、微课等线上学习课程和资源，开展自主学习，提升自主学习能力。

5.3.2 课程特点与思政目标

商业银行业务管理课程具有较强的基础理论性、技术性和实践性。一方面，通过本课程的教学，使学生能够概括并解释关于商业银行的经营原则、业务流程，以及资本管理、资产负债管理、风险管理等的基本知识和理论，为后续金融专业综合实践打下理论基础；另一方面，通过本课程的教学，培养学生业务操作实践的能力，使学生能够运用商业银行管理理论和方法，构建对银行业的认知分析能力，提升学生综合分析金融现象的能力、创新能力和深度学习的能力。

习近平总书记强调："要大力培养、选拔、使用政治过硬、作风优良、业务精通的金融人才，特别是要注意培养金融高端人才，努力建设一支宏大的德才兼备的高素质金融人才队伍。"商业银行为金融的压舱石,"商业银行业务管理"课程必须走创新、融合之路,以适应社会主义新时代金融人才培养的需要。培养德才兼备的高素质金融人才,需重视对学生"世界观、人生观和社会主义核心价值观"的引导。尤其是在国际环境多变、数字化转型与高质量发展目标的背景下,思政内容与设计应紧跟时代之变、回应时代之需、担负时代之责,以"个人—机构—国家"为思政教育切入点,合理嵌入思政元素:在个人层面,提升以"诚信"为核心的金融职业素养;在机构层面,植入商业银行服务实体经济的社会责任及担当;在国家层面,强化金融支持高质量发展、树立文化与制度自信。具体情况如表 5-7 所示。

表 5-7 商业银行业务管理课程思政教育切入点和思政元素

思政教育切入点	思政元素
个人:职业素养	诚实守信
	职业道德
机构:服务实体经济的社会责任	习近平总书记的人民至上观
	服务实体经济的社会责任
	创新意识
	风险意识
	守正创新
国家:金融支持高质量发展、文化与制度自信	文化自信
	制度自信
	金融支持高质量发展
	金融安全观

5.3.3 课程思政教学实施路径

1. 课程内容的思政元素

根据教学目标覆盖"知识+能力+价值塑造"的要求,我们立足商业银行业务管理课程的特点和思政元素,对教学内容进行了优化重塑,构建了"知识探究—能力培养—价值塑造"三位一体的教学内容体系。具体来说,教学内容按照"基础知识—理论—实务—管理与评价—现实与热点"的逻辑框架展开,梳理出每章的思政内容或案例及思政元素(见表 5-8),以便主讲教师有的放矢地开展思政教学。

表 5-8 商业银行业务管理课程的思政内容或案例及思政元素

模块	章	节	思政内容或案例	思政元素
基础模块	第 1 章 商业银行概论	第 1 节 商业银行的演变	中国银行业 70 年:简要历程、主要特点和历史经验	制度自信,创新精神

(续表)

模块	章	节	思政内容或案例	思政元素
基础模块	第1章 商业银行概论	第2节 商业银行的特征与职能	微众银行践行普惠金融责任，持续提升服务实体经济质效	金融服务实体经济的社会责任
		第3节 商业银行的经营原则	144家中国银行入围2021年全球银行1000强	制度自信，国际视野
	第2章 商业银行资本管理	第2节 《巴塞尔协议》与商业银行资本	从影子银行问题探讨金融创新的风险与导向	风险意识，金融创新的价值取向，服务实体经济的社会责任
		第3节 商业银行的资本筹措	我国商业银行资本工具的创新	制度自信，守正创新
	第4章 商业银行现金资产与流动性管理	第3节 商业银行流动性管理	我国银行体系流动性与货币政策	道路自信，理论自信，制度自信，文化自信
			北岩银行挤兑案	风险意识，金融安全意识
实务模块	第3章 商业银行负债管理	第4节 商业银行负债业务的经营及风险管理	银行存款的"新陷阱"，存款保险的"是与非"	金融创新的价值取向，服务实体经济的社会责任，国家情怀，职业道德
	第5章 商业银行贷款业务管理	第1节 商业银行贷款业务概述	我国绿色信贷规模世界第一	金融服务实体经济的社会责任
		第2节 商业银行贷款政策管理	树立风险意识，促进业务发展	坚持合法合规，抵御道德风险
		第4节 商业银行贷款定价	以LPR改革推动解决利率双轨问题	深化金融供给侧结构性改革，增强金融服务实体经济能力
	第6章 商业银行证券投资业务管理	第1节 商业银行证券投资的功能与对象	银行配置债券资产	金融支持高质量发展
		第3节 商业银行证券投资的管理与策略	兴业银行的特色债券业务	金融创新的社会责任
	第7章 商业银行中间业务管理	第4节 商业银行咨询顾问业务	商业银行资管业务风险管理	创新意识，风险意识，金融安全意识
		第5节 商业银行表外业务	一文了解250多万亿银行业表外业务	
	第8章 商业银行零售业务管理	第1节 商业银行零售业务概述	坚守专业价值 办好自己的事——私人银行的变与不变	坚守发展初心，正确认识财富价值，践行社会责任
		第2节 商业银行零售产品定价	人民银行公告明确个人住房贷款利率调整相关事项	金融服务实体经济社会责任
		第3节 商业银行产品营销	银行业数字化转型进入加速期——手机银行成竞争热点	金融机构保障社会民生的初心，以客户为中心，习近平总书记的人民至上观

(续表)

模块	章	节	思政内容或案例	思政元素
实务模块	第9章 商业银行其他业务管理	第1节 商业银行国际业务	中国银行：多元金融服务助力"一带一路"资金融通	道路自信，理论自信，制度自信，文化自信，爱国主义
管理与评价模块	第10章 商业银行资产负债业务管理	第1节 商业银行资产负债管理概述	银行资管格局重塑	习近平总书记的人民至上观，金融安全观
		第2节 商业银行资产负债管理理论	资产负债管理与高质量发展	金融安全观
	第11章 商业银行风险管理与内部控制	第1节 商业银行风险管理概述	盈利持续提高，资产质量向好，上海银行上半年成绩单凸显发展韧劲	创新意识，风险意识
	第12章 商业银行绩效评价	第2节 商业银行的财务分析与绩效评价	商业银行高管薪酬激励机制是否科学合理	受托责任，职业操守
	第13章 商业银行发展趋势	第1节 商业银行发展前沿及对实体经济的支持	数字普惠金融的发展	金融科技与金融服务实体经济的社会责任
			绿色金融与碳金融	金融创新与服务实体经济社会责任

2. 学习活动和教学活动

课程学习和教学活动遵循"一线两翼三融合"的思路：一线指课程以"传统文化"为起点，以专业人才培养目标为终点的课程思政主线，培养社会主义"新时代"的金融服务人才；两翼指课程以"社会主义发展观"为纵向视角、以"时代特征"与"国际视野"为横向视角，纵横交汇构建课程思政"与时俱进"的创新机制，培养学生的思辨能力与课程思政认同感。

课程积极探索课程思政元素有机融入的教学设计。其主要是通过案例分析、小组讨论、课堂讲授等环节，实现课程思政元素的"基因式"融入，教师和学生都能很自然地接受。例如，讲解商业银行流动性风险管理的过程中，采用"国内外商业银行流动性风险"案例对比分析，引导学生课前学习网络学堂案例资源库等线上资料，并通过项目学习与小组讨论的方式，理性分析我国商业银行的社会责任和担当，感受金融稳定对人民安全感和幸福感的提升。

3. 思政教育的考核方式

商业银行业务管理课程的教学评价体系具备多元化、立体性和全面性的特征。首先，评价主体的多元化。本课程教学评价体系不局限于教师主体，是一个包含师生评价、专家评价、学生自评、组内互评等多种评价方式的评价体系。其次，评价内容的全面性。本课程对学生的认知能力、批判性思维、分析与解决实际问题的能力，创新、创造的能力，团队协作与交流沟通的能力，以及自主学习的能力进行综合、动态评价。再次，评价方向的全面性。教学评价不仅不局限于教学效果的评价，还更加关注行为过程的评价(以学生业务实践能力为主线)。从理论教学、实践教学、课内实验3个维度提炼课程检测点，注重考查学生综合运用知识和技能分析、解决实际问题的能力，形成多样化、可测性、可量化的线上线下评价体系。具体的考核方式分为过程性考核和终结性考核，其中过程性考核形成平时成绩，占总评成绩的50%，终结性考核形成期末成绩，占总评成绩的50%。过程性考核包括考勤和平时表现、商业银行业务模拟、商业银行贷款授信报告、商业银行绩效报告、案例讨论、课程测验。

在思政教育考核方面，特别强调学生诚实守信、团结协作，能够在实践活动和案例学习中体会商业银行服务实体经济的社会责任及担当，遵守金融职业道德、树立民族自信和文化自信。具体考核方式及内容如表5-9所示。

表5-9 商业银行业务管理课程考核方式及内容

考核方式		考核内容	所属章(单元)	相应权重	占比(合计100%)	课程目标					
						知识	应用	整合	情感	价值	学习
过程性考核	考勤和平时表现	考核学生出勤情况、课堂表现	一、二、三、四、五、六、七、八、九、十、十一	10%	50%	√				√	
	商业银行业务模拟	形式为模拟银行交易系统上机实验，系统评分	三、五	20%		√	√			√	√
	商业银行贷款授信报告	学生选取一家具有公开数据的公司，收集该公司、所属行业的数据，以小组形式(3~4人)撰写一份完整的贷款授信报告	五	30%		√	√	√	√	√	√
	商业银行绩效报告	每个小组选取商业银行绩效作为评价对象，进行纵向或横向比较研究	一、二、三、四、五、六、七、八、九、十	20%		√	√	√	√	√	√
	案例讨论	学生针对网络平台发布的讨论话题、商业银行案例进行分析讨论	一、二、三、四、五、六、七、八、九、十、十一	10%		√	√	√	√	√	√
	课堂测验	期末进行网络或卷面课程测验，要求独立完成	一、二、三、四、五、六、七、八、九、十、十一	10%		√	√				
	小计			100%							
终结性考核	期末闭卷考试	进行综合考试	一、二、三、四、五、六、七、八、九、十、十一	100%	50%	√	√	√			

5.3.4 课程思政教学设计

商业银行业务管理课程思政教学设计范例如下。

商业银行业务管理课程思政教学设计范例

○ **教学内容** 供应链金融服务中小企业
○ **教学背景**
中小企业融资难、融资贵一直是制约中小企业发展的问题,而近年来供应链金融的创新与数智化发展,在解决中小企业融资问题方面发挥了重要作用。
○ **教学目标**
- 认识供应链金融解决中小企业融资难、支持实体经济的重要作用。
- 理解供应链金融的基本含义。
- 掌握商业银行供应链金融的产品及运作模式。
- 掌握供应链金融的风险控制环节。
- 了解智能供应链金融的发展
○ **教学方法**
- 启发式教学方法:提问、互动。
- 教师主导式教学方法:讲授、讲解性说明。
- 学生主体式教学方法:小组研讨;角色扮演;行业专家引导等。
○ **思政元素**
- 中小企业对于国家经济的重要作用;商业银行服务实体经济、中小企业的责任。
- 经销商、供应商等各个不同环节的职业道德与契约精神。
- 理解商业银行服务实体经济的"金融压舱石"作用。
- 商业银行从业人员的风险防控意识与职业规范。
○ **教学过程**
课前准备:
(1) 学情调查分析:学生对于供应链金融、小微企业的初步认识。
(2) MOOC资源产教融合,学生课前学习线上资源,通过问题清单引导,思考中小企业融资的难点、痛点在哪里?
(3) 产教融合虚拟教研室,教学团队与行业专家研讨沟通。
课堂教学:
1. 导入
(1) 回顾上节课内容——传统贷款分类(信用贷款、担保贷款)及信用评级
(2) 提问引出中小微企业的信用及担保问题,总结中小微企业的融资"痛点"
(3) 引出商业银行服务实体经济,解决中小微企业融资痛点的必要性。

一、中小微企业融资痛点

- 中小微企业"5678"——中国中小微企业提供50%的税收,60%的GDP,70%的技术创新,80%的就业机会,但普遍存在"融资难、融资贵、融资乱"的困境;
- 按照世界银行统计口径,中国小微企业潜在融资需求达4.4万亿美元,融资供给仅2.5万亿美元,潜在缺口高达1.9万亿美元,缺口比重高达43%,而在2020年由G20国家委托IFC召开的中小微企业融资线上峰会上披露的IFC最新不完全统计,这个缺口已经超过了5万亿。

① 2020年上半年中国规模以上工业应收账款总额为15.34万亿元,而2020年保理规模仅4000亿元,ABS规模也仅为6000亿元左右,还存在巨大缺口。

② 2019年全球50个行业平均DPO为57.4天,中国大约90天左右。新冠疫情期间出台政策要求大企业尽量降低DPO,不得超过60天。

2. 角色扮演/讨论/提问

(1) 以蔚来汽车供应链上下游企业为例,分小组进行角色扮演,寻找中小企业在供应链中的融资"痛点"。

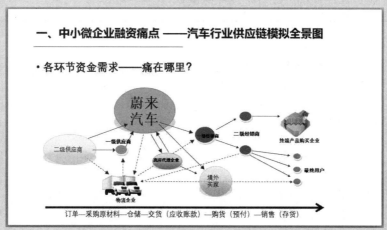

(2) 提问:引出核心企业的概念,启发供应链金融的关键点——核心企业信用。

3. 知识讲授:供应链金融的内涵、产品、应用及运作模式

(1) 讲解供应链金融的内涵。

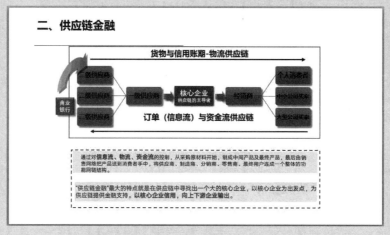

(2) 介绍供应链金融的产品。

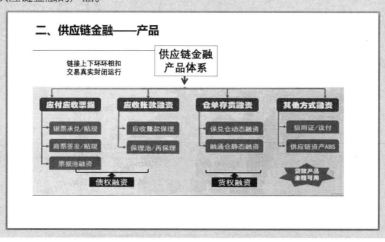

(3) 讲解供应链金融的应用。

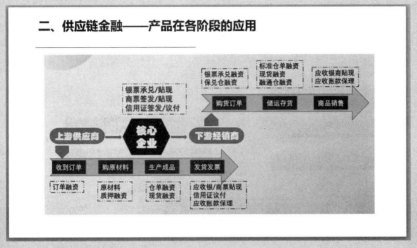

(4) 讲解供应链金融的运作模式。

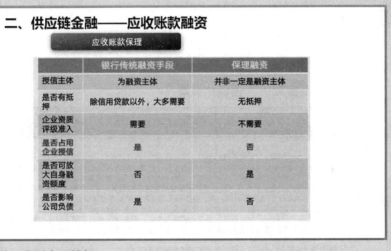

4. 模拟教学：典型产品模拟

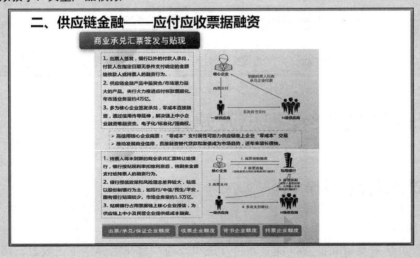

5. 引导式讨论与行业专家在线点评
(1) 讨论分析典型供应链金融模式的风险及控制。

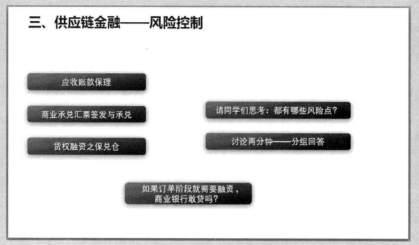

(2) 智能化、动态化产教融合——邀请行业风控专家听取讨论发言,并及时点评同学们的讨论结果。

专家系统化总结供应链金融风险点及风控措施,重点介绍了智能化风控。

6. 理论/思政升华:走向智能化发展的供应链金融

思考:智能化如何创新金融发展,讨论金融服务实体经济的重要性。

5.4 证券投资学课程思政建设

5.4.1 课程简介和目标

1. 课程简介

证券投资学主要研究证券投资原理、方法和技巧,旨在培养学生在股票、债券、衍生品等各类金融工具上的投资能力。课程内容主要包括证券投资工具和证券市场等基本知识，基本分析和技术分析方法，资产定价、资产组合等现代投资理论。通过本门课程的教学，学生能够理解金融市场的运作机制，掌握证券投资的基本原理和方法，并能够进行有效的投资决策和风险管理。

课程采用理论教学、全程实践模拟、课内实验、课堂讨论等方式进行教学。课程以实践模拟(或参赛)激发学生的学习兴趣，使学生在做中学、学中做，在实践中发现问题并基于问题展开学习，着力培养学生的理论应用能力和实际操作能力。

2. 课程目标

通过证券投资学课程的学习，学生能够达到以下目标。

(1) 知识：学生能够掌握和利用投资学的基本概念和基本原理，包括金融工具、金融市场、金融监管理论、资本市场定价理论等，学会运用基本分析和技术分析方法，了解和熟悉投资组合的基本原理。

(2) 应用：学生能够应用上述基本知识和基本原理，分析以股票为主的各类投资工具的价值与价格变动，并据此做出投资决策。

(3) 整合：在学习和实践过程中，学生能够纵向整合经济学、金融学、管理学等知识和基本原理，从横向上认识整个市场，以及对市场产生影响的各项因素，包括国内外经济、政治、文化等因素，辨识各类信息，分析和解决问题。

(4) 情感：学生能够在学习和实践中，充分认识市场的客观性，以批判性思维审视市场要素，更多地从自身角度寻找问题所在。

(5) 价值：学生能够具备价值投资理念，养成对市场趋势客观性的认同感，客观看待和努力规避市场风险。

(6) 学习：学生能够将理论与实践相结合，具备在变化的市场中不断学习的能力。

5.4.2 课程特点与思政目标

证券投资学课程理论高度联系实际，与社会经济、政治生活直接相关，涉及盈利与风险，面临投资与投机的方向选择。结合本专业思政目标的要求，根据本课程内容及其在专业培养体系中的地位，本课程的思政目标设定为"学用投资方略、浸润金融素养"。本课程倡导学用结合，在实践中牢固基本知识，提高应用能力，体会风险意识和责任意识。课程思政目标的设计思路如图5-1所示。

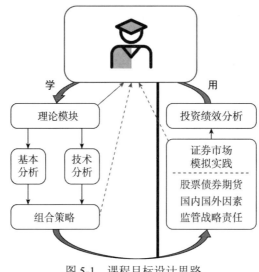

图 5-1 课程目标设计思路

证券投资学课程确定了开展思政教育的 3 个切入点：具有专业精神，具有社会主义金融伦理观，具有全球视野的金融强国观，并且将这 3 个切入点具体化为 8 个思政元素，具体情况如表 5-10 所示。

表 5-10 证券投资学课程思政教育切入点和思政元素

思政教育切入点	思政元素
具有专业精神	科学正确的思辨能力
	钻研、探索、与时俱进
具有社会主义金融伦理观	认同社会主义核心价值观
	理解金融企业具备的社会责任
	理解金融从业人员具备的社会责任
具有全球视野的金融强国观	深刻理解经济全球化背景下"国富民强"与金融发展息息相关
	理解我国金融发展的特殊性与优越性
	认识到国际金融领域话语权与大国担当的重要性

5.4.3 课程思政教学实施路径

1. 课程内容的思政元素

课程根据课程逻辑和学情因素设计 6 个知识模块，分别是证券投资工具、证券市场、资产定价理论与实践、基本分析理论与方法、技术分析理论与方法、投资组合概述。

课程思政的贯彻与切入采用点线面相结合的方式。课程思政的融入采用每次课前时事点评的"源源不断"和重点案例环节的"点点滴滴"相结合，同时融入合作企业教学和案例的社会面场景，伴随全课程，覆盖点、线、面。课程的思政内容或案例及思政元素如表 5-11 所示。

表 5-11 证券投资学课程的思政内容或案例及思政元素

模块	思政内容或案例	思政元素	思政教育资源
证券投资工具	"红色"股票；衍生品与金融危机；郁金香泡沫；白银风潮；亚洲金融危机；327国债事件；资产证券化与扶贫	认同社会主义核心价值观，深刻理解经济全球化背景下"国富民强"与金融发展息息相关	1. 社会主义核心价值观相关文献资料 2. 党和国家大政方针、经济政策相关文献资料 3. 课程教材：《证券投资学》，吴晓求，中国人民大学出版社 4. 仿真实践平台：强调职业道德与理性分析 5. 国内外金融投资案例(含企业人员讲座)：金融风险、职业道德、国内外经济环境、理性投资等实时案例
证券市场	我国证券市场发展历程；从业者素质(专家进课堂)；科技企业的私募案例；大学生炒股的利弊、金融史相关书籍介绍；瑞幸咖啡的前世今生	理解我国金融发展的特殊性与优越性	
资产定价理论与实践	投资思想史；金融学家的故事；诺贝尔经济学奖中的金融理论；书香中国：《金融与好的社会》《金融的哲学》《货币哲学》赏析	钻研、探索、与时俱进	
基本分析理论与方法	百年美股；中国的投资时钟；选股与选美理论；巴菲特的投资故事；索罗斯的投资股市；美国大选对股市的影响；安然事件；银广夏事件	科学正确的思辨能力	
技术分析理论与方法	艾略特的故事；跟庄过程中的投资者心理；两会对股市的影响；典籍故事与价量时空	科学正确的思辨能力	
投资组合概述	利息的社会学解读；财富与信仰——中世纪的财富观	理解金融企业具备的社会责任	

2. 学习活动和教学活动

根据课程紧贴市场，具备应用性、实用性的特点，证券投资学课程常年采取"纵向"按逻辑进程推进的课上教学与"横向"面对市场的模拟实践相结合的教学模式。

纵向 16 周教学配合讲授、(实盘)案例、课内实验、讨论等教学方法，目的是让学生掌握相关知识。横向结合市场，以"虚拟账户+真实市场"的投资操作，全程跟踪大盘和有代表性的股票，有针对性地运用动态案例分析实际问题，同时结合学习单元和市场热点进行实时点评，以盈利为任务目标，驱动学生进行自主性学习，从而实现以现实为背景，以学生为中心，"做中学，学中做"的"沉浸式"教学运行过程，如图 5-2 所示。

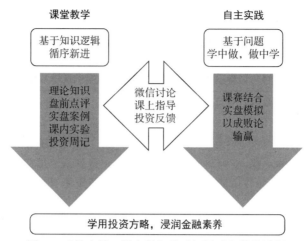

图 5-2 "做中学,学中做"的"沉浸式"教学过程

3. 思政教育的考核方式

思政考核课程遵循以下原则进行考核:①过程性考核与终结性考核相结合;②知识考核、能力考核和价值考核相结合。其具体考核方式及内容如表 5-12 所示。

表 5-12 证券投资学课程考核方式及内容

考核方式		考核内容	所属单元	相应权重	占比(合计100%)	课程目标					
						1	2	3	4	5	6
过程性考核	考勤	按照学生手册规定及后文规定执行(诚实守信)	全部	20%	50%						
	实践性考核	全程模拟投资成绩按名次分段计分(风险意识、国家战略、创新精神)	三、四、五、六	20%			√	√			
	展示和讨论	证券投资技术分析和基本分析(风险意识、国家战略、创新精神)	四、五	30%		√	√	√	√	√	√
	大作业	投资周记(诚实守信、责任担当、风险意识、国家战略)	三、四、五	30%		√	√	√	√	√	√
		小计		100%							
终结性考核	闭卷考试	针对全课程的综合性考核(诚实守信、国家战略、创新精神)	一、二、三、四、五、六	100	50%	√	√	√			

5.4.4 课程思政教学设计

证券投资学课程思政教学设计范例如下。

证券投资学课程思政教学设计范例

○ **教学内容** 产业分析之产业的政策环境分析

○ **教学背景**

十八大以来，习近平主席多次强调中国人要把饭碗牢牢地端在自己手里，从2004年起至今，中央所有的一号文件都聚焦"三农"问题。习近平主席2002年3月在海南，6月在四川、河南考察，再次强调，中国人的饭碗一定要端在自己的手上，饭碗里要装中国粮；中国粮要用中国种子，攥紧中国种子才能端稳中国饭碗，才能做到粮食安全。"十四五"发展规划和2035年远景规划都重视农业发展。近年来股票市场涉及农业的基础产业和高科技产业的股票也表现不俗，学习国家政策，分析产业走向，发掘投资机会不失为一种很好的投资思路。

○ **教学目标**

1. 知识目标

(1) 知道国家产业发展与重点行业(农业，也包括国际上被"卡脖子"的先进制造业)政策对国家利益的重要性，领会不同行业产业在不同时期的轻重。

(2) 在宏观顶层设计下，理解重点产业发展的持续性保障，总结经济政策用意。

(3) 运用经济学、金融学基本理论知识，对所关注的产业进行分析，细分产业内投资方向，综合给出相应的投资策略。

2. 能力目标

(1) 通过本小节课程学习，学生能够了解国家基本产业政策知识，整合经济学有关理论，并结合中国产业发展实际分析应用，促进理论与实际结合和趋势(情感)认同，顺大势而为，秉持价值投资理念，并在不断跟踪政策发展中及时理解政策导向，产生正确思考和判断。

(2) 理解党和国家发展的战略需求，坚定"中国特色社会主义的四个自信"，把握经济发展的结构性机会，让投资活动成为经济发展的真正动力。

○ **教学方法** 事件案例、启发互动、社会热点问题分析

○ **思政元素** 责任担当、国家战略

国家产业政策是实现国家发展战略的发展方向，是国家安全的重要保证。农业是国民经济的基础，粮食安全一直是国家高度重视的问题，为此国家实施国家粮食储备战略以应对国际粮食危机。投资应抓住国家战略节奏，既支持国家建设，又为自己和客户创造财富，与国家经济共同发展。

○ **教学过程**

1. 导入故事：粮食问题及背后的供应关系

(1) 设计目标：从学生们日常生活中最常见的物品入手，激起学生的学习兴趣和好奇心，同时起到引导学生正确认识和分析现实问题的作用。

(2) 问题引导：

- 粮食价格真的是由自由市场确定的吗？这个世界还有多少人挨饿？
- 听说过ABCD(ADM、邦吉、嘉吉、路易达孚)四大粮商吗？

(3) 教学活动：通过导入事件案例引出产业安全与产业政策的概念，并提出问题。

(1) 世界的粮食被谁控制？

(2) 我国主粮95%自给的条件下，还存在粮食风险吗？

2. 引申进入产业现状层面：粮食产业的国际宏观环境影响

(1) 设计目标：在事件案例的引导下，结合图示引导学生直观地观察粮食价格的剧烈波动，并通过互动引发学生进一步思考价格波动的原因。

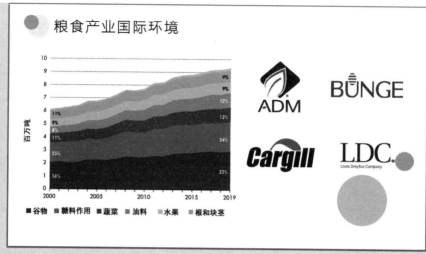

(2) 教学活动：通过具体数据的展示，让学生直观地看到粮食价格波动的情况，思考与人口增长背离背面的原因。(1961—2019 年，世界人口增长 1.5 倍，而粮食增产 3 倍，价格的剧烈波动与持续走高说明了什么，由此可引出对供给控制权的相关讨论。)

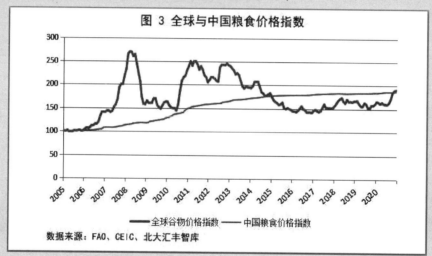

3. **粮食危机案例：四次大豆危机**
(1) 设计目标：渐进性了解我国产业政策由被动到自主的过程，理解保护国家粮食产业安全的作用。
(2) 教学活动：
- 粮食产业国内环境分析；
- 我国粮食产业相关政策梳理及回顾，如习近平主席讲话、18 年来"中央一号文件"关于"饭碗"问题的相关内容、2022 年的"国常会""中央经济工作会"等、2003 年中央粮食储备库建设等。

4. **课堂互动：如何保证(粮食)产业安全**
(1) 设计目标：根据产业政策发展脉络，理解产业政策设计的目的，学会沿着产业政策寻找价值投资方略。
(2) 教学活动：
- 我国如何在结构失衡状态下取得平稳运行？
- 归纳总结产业投资的基本逻辑，包含行业分析的关键点、价值投资选择与决策。

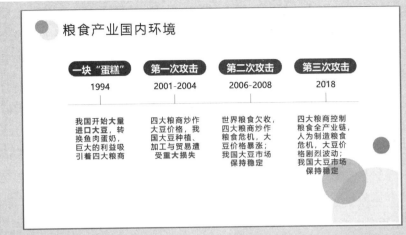

5. 总结与思政升华

(1) 设计目标：明辨资本的两面性，用好资本为人民服务。

(2) 课程思政：阐述中国特色经济制度的优势，资本投资支持产业政策的双赢性。让学生明白，资本的产生本就具有原罪，但资本是推动社会经济发展的动力，大家都要做好投资选择，把每一分投资都变成实现中国百年复兴的推动力量！

5.5 金融工程概论课程思政建设

5.5.1 课程简介和目标

1. 课程简介

金融工程概论课程是金融学专业的核心课程，旨在引领学生认识有关远期、期货、互换、期权等主要衍生品的基本概念，掌握有关衍生品交易机制、无套利定价、风险管理等方面的基本思想，理解基于四大工具的套期保值、投机和套利的差异与使用场景，掌握重要定价模型的推导思想、参数估计方法及相关的模拟程序，理解绝对定价法与相对定价法的差异，在各种既有的基础金融产品的基础上，通过不同形式的组合创新，设计出具有特定属性的产品。

本课程综合运用讲授、启发式教学、讨论教学、案例教学、实践模拟教学等多种教学方法，使学生具备有关金融工程领域的基本知识、基本理论和基本分析方法，具备套期保值、套利、产品风险解构的应用技能，以及掌握一定的数学解析推导、计算机编程技术，从而能够在银行、证券、保险、基金、私募等机构从事实务、风险控制、产品设计及管理工作。

2. 课程目标

金融工程概论课程为金融学专业核心课程。通过本课程的教学，学生能够达到以下目标。

(1) 知识：学生能够陈述并解释金融工具和金融市场方面的基本理论、重要的专业概念，具体包括远期、期货、互换、期权等衍生工具的特征、功能、操作方式及交易逻辑，基于四大工具的套期保值、管理风险、投机和套利等；掌握重要定价模型的推导思想及参数估计方法；熟悉当前金融工程领域的重要成果与发展趋势。

(2) 应用：学生能够具备投资分析及风险管理的应用技能；具备微观金融活动的实际决策和操作能力(如对"远期"与"预期"的差异性判断)；掌握无套利分析方法在不同衍生工具基础上的应用；掌握文献检索、资料查询及运用现代信息技术获取相关信息的基本方法，具备结合资料、运用知识分析市场的能力；熟悉期货交易平台的使用与交易机制，了解市场环境和趋势，能够对风险的突变具有一定的反应能力。

(3) 整合：金融工程是一门典型的涵盖了金融学、数学、计算机等多方面知识的综合性学科，具有典型的学科交叉特点，因此，学生能够在其他专业知识基础上，形成知识的抽象、迁移、整合能力，形成依托综合理论解释现象的能力，服务于金融市场分析与产品设计决策。

(4) 情感：学生能够参与小组或团队协作学习，具有团队合作意识，能够就衍生品设计与分析问题撰写课程论文，进行成果展示和有效沟通与交流。

(5) 价值：学生能够在课程的学习过程中形成金融服务于实体经济、服务于社会、规避风险的意识，深刻认识衍生品市场不良投机行为的严重危害，建立良好的职业道德素养和行业自律精神。

(6) 学习：学生能够充分利用 MOOC、微课等线上学习资源和图书馆资源，开展自主学习，提升自主学习能力。

5.5.2 课程特点与思政目标

金融工程概论课程具有较强的理论性、学科交叉性和应用性。一方面，通过本门课的教学，要求学生掌握必要的金融工程理论知识，如有关股指期货、外汇远期、利率远期、利率期货、无套利定价法、久期、经典期权定价模型、价格生成机制及其数值模拟等方面的基本概念和基本理论；另一方面，通过本课程的教学，培养学生运用衍生品定价理论正确评价、测度、分析及解构各类金融产品组合方法、风险来源、指数编制方式、投资策略等现实问题的能力，在此基础上，要求学生初步掌握一般的随机过程理论、定价模型数值模拟、机器学习方法，如几何布朗运动、伊藤引理、B-S 期权定价模型、二叉树定价法、蒙特卡洛模拟、有限差分法；同时，在现实金融产品分析中，金融创新不断演化、风险点不断涌现，所以在教学内容的更新方面须与时俱进，不断引入新场景、新案例。

基于上述课程特点，提出课程思政的目标问题：

(1) 随着互联网、大数据等关键技术的不断发展，金融行业的商业模式不断发生变化，在解决知识传授问题的同时，如何打造金融行为背后的价值观；

(2) 从投资组合、套利、套期保值再到风险管理，金融工程的原则都是在控制风险的

情况下实现收益的最大化,如何使学生明辨是非、不局限于"利润至上"的价值导向;

(3) 如何立足中国特色社会主义金融体制,通过引导同学观察、正确认识近代以来西方金融市场各类工具的发展历程,了解我国金融市场建设的价值导向,谨防投机赌博,避免工具使用庸俗化,从而形成居安思危、未雨绸缪的好习惯。

为此,本课程确定了开展思政教育的 4 个切入点:明辨是非,谨防投机,居安思危,中国智慧,并且将这 4 个切入点具体化为 13 个思政元素,具体情况如表 5-13 所示。

表 5-13　金融工程概论课程思政教育切入点和思政元素

思政教育切入点	思政元素
明辨是非	行业操守
	红线意识
	实事求是
谨防投机	理性思维
	辩证思维
居安思危	危机意识
	独立自主
	风险控制的责任感
中国智慧	总体国家安全观
	农村高质量发展
	助力双循环新格局
	守正创新
	问题导向与系统思维

由此,金融工程概论课程思政教育的目标为:首先,培养学生爱岗敬业、具备良好的行业操守,实事求是,具备红线意识、底线意识,铭记"什么能做,什么不能做";其次,引导学生建立正确的价值导向,消除浮躁、急功近利心理,使学生掌握马克思主义的辩证唯物主义哲学观;再次,培养学生的危机意识、自律意识、面对风险时的责任与担当;最后,树立学生对国家金融创新发展的制度自信和道路自信,坚持问题导向与系统思维,守正创新,激发学生的爱国情怀,从金融的角度深刻认识、铭记总体国家安全观,使其自身发展自觉融入国家的双循环新发展格局。

5.5.3　课程思政教学实施路径

1. 课程内容的思政元素

根据教学目标覆盖"知识+能力+价值塑造"的要求,我们立足金融工程概论课程的特点和思政元素,对教学内容进行优化重塑,构建了"知识探究—能力培养—价值塑造"三位一体的教学内容体系。具体来说,教学内容按照"基础知识—理论—实务—政策—现实与热点"的逻辑框架展开,梳理每章的思政内容或案例及思政元素(见表 5-14),以便主讲教师有的放矢地开展思政教学。

表 5-14 金融工程概论课程的思政内容或案例及思政元素

章	节	思政内容或案例	思政元素
第 1 章 金融工程概述	第 2 节 金融衍生产品概述	新冠疫情期间不同类型投资主体的行为模式	行业操守、红线意识
	第 3 节 金融工程概述	金融战导致国有资产流失	总体国家安全观、危机意识
	第 4 节 金融工程的发展历史与背景	衍生品的发展逻辑有深刻的社会、历史特征	问题导向与系统思维、辩证思维
第 2 章 远期与期货	第 1 节 远期与远期市场	远期与预期的比较和差异	风险控制的责任感
	第 2 节 期货与期货市场	期货的杠杆原理与放大效应	红线意识、风险控制的责任感
	第 3 节 远期与期货的比较	"国储铜"事件的思考,"保险+期货"的助农模式	农村高质量发展、总体国家安全观
第 3 章 远期与期货定价	第 2 节 远期合约的定价	远期、期货价格的推导	理性思维、辩证思维
	第 3 节 远期与期货价格的一般结论	持有成本对价格的影响	风险控制的责任感
	第 4 节 远期(期货)价格与标的资产现货价格的关系	远期与预期、系统性风险的内在联系	风险控制的责任感、问题导向与系统思维
第 4 章 远期与期货的运用	第 1 节 运用远期和期货进行套期保值	完美、不完美套期保值,基差风险,数量风险	危机意识、风险控制的责任感
	第 2 节 运用远期与期货进行套利与投机	套利与投机的使用方法	红线意识、辩证思维
第 5 章 股指期货、利率远期与利率期货	第 1 节 股指期货	股票指数的编制、外汇套利	辩证思维
	第 4 节 利率期货	中金所五年期国债期货的价格确定	独立自主、实事求是、辩证思维
	第 5 节 利率风险管理	货币久期、麦考利久期	风险控制的责任感
第 6 章 互换概述	第 1 节 互换的含义及分类	我国第一笔利率互换	独立自主、理性思维
	第 2 节 互换市场	冰岛银行破产案例与信用违约互换	总体国家安全观、危机意识、助力双循环新格局
第 7 章 互换的定价	第 1 节 利率、货币互换的定价	互换价格的推导及其与利率期限结构之间的关系	理性思维、风险控制的责任感
	第 2 节 互换的风险	互换风险的分解	风险控制的责任感
第 9 章 期权与期权市场	第 2 节 期权市场	期权与权证	行业操守、红线意识、独立自主
第 10 章 期权的回报与价格分析	第 2 节 期权价格的基本特性	期权内在价值,时间价值,在中国使用传统定义出现的问题	独立自主、守正创新

(续表)

章	节	思政内容或案例	思政元素
第 10 章 期权的回报与价格分析	第 5 节 看涨看跌期权平价关系	看涨看跌平价关系	风险控制的责任感
第 11 章 布莱克—舒尔斯—默顿期权定价模型	第 2 节 股票价格的变化过程	风险源的推导	辩证思维、风险控制的责任感

2. 学习活动和教学活动

在教学过程中，灵活使用多种学习教学方式，将学生带入解决问题的场景，例如，在讲授铜期货价格波动问题时，让学生扮演国家重大决策机构，培养责任担当，让思政教育在潜移默化中入脑入心，让学生更有代入感，更易产生情感共鸣；实施协作学习，组织讨论交流，创造和谐的师生互动、生生互动的氛围，让情感越辩越浓烈，让道理越辩越清晰；通过让学生参加模拟期货、期权交易实践，建立深刻的职业操守与红线意识；通过让学生参与撰写课程论文和科技活动，深入探究现实问题，理解扎根中国的衍生品市场的发展脉络和逻辑。

3. 思政教育的考核方式

金融工程概论课程依据以下原则进行考核：①平时考核与期末考核相结合；②线上考核与线下考核相结合；③知识考核、能力考核和价值考核并重，突出价值考核。

在思政教育考核方面，将学习态度的评价放在第一位，特别强调学生能够做到诚信守时，按时上课，原创性完成各项作业或任务，能够在教学活动中遵守相关金融职业道德和规范。其具体考核方式及内容如表 5-15 所示。

表 5-15 金融工程概论课程考核方式及内容

考核方式		考核内容	所属章（单元）	相应权重	占比（合计100%）	课程目标					
						知识	应用	整合	情感	价值	学习
过程性考核	课堂表现	考核学生出勤情况、课堂发言积极程度、发言质量、线上线下讨论情况	全部	15%	50%	√			√	√	√
	单元测试	线下或线上测试，考核学生对于金融工程知识、理论的识记与理解及动手能力，诚信完成	全部	20%		√				√	
	单元作业	线下作业，考核学生对于金融工程知识、理论的识记与理解及动手能力，诚信完成	全部	20%		√				√	

(续表)

考核方式		考核内容	所属章(单元)	相应权重	占比(合计100%)	课程目标 知识	应用	整合	情感	价值	学习
过程性考核	课程小论文/报告	线下考查，结合实际产品，考核学生对金融工程现实问题的分析与评价，原创性完成	全部	25%	50%(续)	√	√	√		√	√
	衍生品交易实践	线下考查，考核学生的交易实践操作能力及其对相关职业道德的理解，远期合约小组协作完成，期货合约独立完成，展示与交流	二、三	20%		√	√	√	√		√
		小计		100%							
终结性考核	期末结课论文	要求学生完成一份与本课程学习过程中重点知识相关的分析报告，学生可自行确定研究对象，自行选择模型，要求必须使用定量分析方法	全部	100%	50%	√	√	√		√	

5.5.4 课程思政教学设计

金融工程概论课程思政教学设计范例如下。

金融工程概论课程思政教学设计范例

○ **教学内容** 期货市场及其助农创新模式

○ **教学背景**

期货交易由于其具有杠杆机制，因此被誉为"大规模杀伤性武器"，其资金放大功能使收益放大的同时也面临着风险的放大，令无数投机者血本无归。与此同时，如果我们建立正确的投资观念，正确认识和使用期货，一方面可以通过其价格发现功能增强市场透明度，提高资源配置效率；另一方面，也可以通过套期保值为现货市场提供一个规避价格风险的场所和手段，助力国家重要产业发展。

○ **教学目标**

1. 知识目标

(1) 理解期货市场每一条重要交易规则形成的原因与逻辑。
(2) 理解价格杠杆的放大机制，认识期货市场投机的危害。
(3) 认识期货助农的创新发展模式。

2. 能力目标

(1) 引入期货交易机制的形成原因，训练学生的逻辑思维能力。
(2) 通过期货投机危害性与套保功能的反差式对比，培养学生的辩证思考能力。

○ **教学方法** 场景模拟、问题导向、历史追溯、手机 App 演示操作

○ **思政元素**

党的二十大报告指出，全方位夯实粮食安全根基，确保粮食安全。粮食问题不仅关乎乡村发展，

更关系每个人的饭碗与生存保障，期货行业勇担"为国谋粮"使命，推出"保险+期货"的创新助农模式，释放期货力量助力乡村振兴，成功规避由市场因素带来的农产品价格下跌风险。

○ **教学过程**

线上：中国大学 MOOC+ 哔哩哔哩网(简称"B 站")

课前，学生在中国大学 MOOC 与 B 站观看指定教学视频(郑振龙《金融工程》，2020 年第 5 版)，进行预习。

线下：课堂教学

1. 导入问题：为什么要发展期货

(1) 设计目标：在远期合约的基础上，以远期合约交易当中的缺点作为切入点，从而激发学生的好奇心与逻辑思维，以提问和发言的方式引导学生主动思考有利于降低风险的交易机制。

(2) 实际案例展示：展示沪深 300 股指期货合约、黄金期货合约，引出农产品期货合约，分析合约条款的设计原理。

(3) 教学活动：渐进式学习合约交易规则，形成整体逻辑，在理解中记忆重要规则。

大连商品交易所玉米期货期权合约	
合约标的物	玉米期货合约
合约类型	看涨期权、看跌期权
交易单位	1手（10吨）玉米期货合约
报价单位	元（人民币）/吨
最小变动价位	0.5元/吨
涨跌停板幅度	与玉米期货合约涨跌停板幅度相同
合约月份	1、3、5、7、9、11月
交易时间	每周一至周五上午9:00—11:30，下午13:30—15:00，以及交易所规定的其他时间
最后交易日	标的期货合约交割月份前一个月的第5个交易日
到期日	同最后交易日
行权价格	行权价格范围覆盖玉米期货合约上一交易日结算价上下浮动1.5倍当日涨跌停板幅度对应的价格范围。行权价格≤1000元/吨，行权价格间距为10元/吨；1000元/吨＜行权价格≤3000元/吨，行权价格间距为20元/吨；行权价格＞3000元/吨，行权价格间距为40元/吨。
行权方式	美式。买方可以在到期日之前任一交易日的交易时间，以及到期日15:30之前提出行权申请。
交易代码	看涨期权：C-合约月份-C-行权价格 看跌期权：C-合约月份-P-行权价格
上市交易所	大连商品交易所

2. 关键概念：杠杆

(1) 设计目标：基于实际计算案例，通过学生动手填空的方式，引出指数日收益率与期货头寸日收益率之间的巨大差异，让学生亲身感受到损益的放大作用。

(2) 教学活动：
- 解释"保证金"与"杠杆"概念；
- 讲解"初始保证金"与"维持保证金"的要求；
- 动手填空。

案例

日期	结算价格	保证金账户余额	追加保证金	指数日收益率	投资者在期货头寸上的日收益率
20110905	2753.0	125676+(2753-2792.8)*300=113736			
20110906	2726.6				
20110907	2774.0				

3. 引申思考：为什么要鼓励套利与套保

(1) 设计目标：结合实例，通过展示套利力量与套保力量的作用，使学生进一步理解在期货市场上进行投机的危害。

(2) 教学活动：
- 引入"国储铜"事件，引导学生从投机心理的形成与演化方面思考为什么会发生大规模浮亏；
- 引出"逼仓"的含义；
- 建立"拔河模型"，形象地说明期货市场退出机制与逼仓现象，使学生领悟在期货市场进行长线投机的危害；
- 采用辩证思维，引导学生思考期货产品对社会发展的积极作用。

4. 引入国家政策热点：乡村振兴、粮食安全与共同富裕

(1) 设计目标：讲解玉米等农产品价格的波动对农民收入的影响，引入近年来金融助农实践中"保险+期货"的成功模式与案例，使学生领悟期货产品通过套保可以巩固提升脱贫成果。

(2) 教学活动：
- 以农产品为例分析其价格波动对农民收入带来的影响；
- 培养学生全面、辩证分析问题的意识和习惯。

5. 理论/思政升华

(1) 设计目标：金融创新在乡村振兴与粮食安全中的重要作用。

(2) 课程思政：一方面，让学生充分认识粮食安全是总体国家安全观的重要组成部分，深刻认识到"中国人的饭碗任何时候都要牢牢端在自己手中"；另一方面，通过介绍国家乡村振兴、共同富裕、总体安全观等相关政策，充分激发学生运用衍生工具相关理论解决现实问题的兴趣。

5.6 金融风险管理课程思政建设

5.6.1 课程简介和目标

1. 课程简介

金融风险管理作为金融学专业的核心课程之一，主要介绍金融风险的分类，金融风险管理的基本理论、方法和策略，以及各种风险管理模型的应用等，旨在帮助同学构建系统的风险管理知识体系，熟悉金融风险的类型并理解各类金融风险产生的原因，掌握金融风险管理的度量方法和相关模型的理论基础，树立基本的金融风险管理理念，并将相关知识运用于实际的金融风险管理工作，激发对金融风险管理相关研究的兴趣。

本课程综合运用讲授、启发式教学、讨论教学、案例教学等多种教学方法，使学生具备有关金融风险管理领域的基本知识和基本理论，掌握金融风险管理的基本方法和相应的应用技能，树立正确的价值观、金钱观，具有风险和自律意识，提升职业素养。

2. 课程目标

金融风险管理课程为专业选修课程。通过本课程的教学，学生能够达到以下目标。

(1) 知识：学生能够陈述和解释关于信用风险、市场风险、利率风险、流动性风险、汇率风险、操作风险及其他风险等方面的基本知识和管理理论；能够分析、比较各类金融风险管理方法的特点和差异；能够扼要描述金融风险管理领域的发展现状与趋势。

(2) 应用：学生能够将概率分布、时间序列、随机方程、数值模拟等数学知识应用于金融风险管理理论，对信用风险、市场风险、利率风险、流动性风险、汇率风险、操作风险及其他风险等进行建模和分析。

(3) 整合：学生能够将所学的金融风险管理知识与其他企业管理、消费者行为等方面知识进行整合，根据企业和客户的特定需求，设计出具有创新性的金融风险管理流程和方案。

(4) 情感：学生能够参与协作学习，具有团队合作意识，能够就金融风险管理的相关内容撰写报告，进行成果展示和有效沟通与交流。

(5) 价值：学生能够在金融风险管理实践活动中理解并恪守相关的职业道德，严谨对待各类风险数据，规范操作各类分析软件，具备在金融机构从事风险管理工作的实践能力，并且能够在岗位上发扬细心入微、严格把关、善于钻研、精益求精的工匠品质。

(6) 学习：学生能够利用 MOOC、微课等线上学习课程和资源，开展自主学习，提升自主学习能力。

5.6.2 课程特点与思政目标

金融风险管理课程具有较强的理论性、应用性和时代性。首先，通过本门课程的教学，要求学生掌握基本的金融风险理论知识，如信用风险、市场风险、利率风险、流动性风险、汇率风险、操作风险等不同类型金融风险的特点和产生的原因。其次，通过本门课程的教学，要求学生掌握不同类型金融风险的识别、测度及管理方法，熟悉诸如风险价值(VaR)、历史模拟法、模型构建法、蒙特卡洛法、KMV 模型、CreditMetrics 模型、压力测试等模型和方法的运用。最后，随着经济全球化和金融科技的发展，金融市场瞬息万变，金融风险管理领域的新现象、新问题、新事件层出不穷，因此在教学内容上必须与时俱进，不断更新，以培养学生运用金融风险管理理论和方法正确观察和分析国内、国际发生的重大金融风险现实问题的能力。

立足课程的特点，在教学过程中需要解决以下几个问题：如何用辩证发展的眼光科学分析金融风险管理理论、模型和方法在社会经济实践的演进过程中的优缺点及应用场景；如何认识和分析金融风险管理领域层出不穷的新问题、新现象，引导学生做出理性回应和行动；面对中国在金融风险管理领域的实践和成就，如何理解其中的中国智慧与方案；如何锻造学生的专业技能和职业素养；等等。为此，金融风险管理课程确定了开展思政教育的 5 个切入点：社会主义核心价值观、思辨与探索、中国智慧与担当、学科前沿与国家政策、职业道德，并且将这 5 个切入点具体化为 16 个思政元素，具体情况如表 5-16 所示。

表 5-16　金融风险管理课程思政教育切入点和思政元素

思政教育切入点	思政元素
社会主义核心价值观	爱岗敬业
	家国情怀
	诚实守信
思辨与探索	批判性思维
	科学发展与假设
	创新奋进
中国智慧与担当	中国成就
	道路自信
	中国式现代化的认同感
	社会主义制度的优越性
学科前沿与国家政策	与时俱进
	国家金融安全大局意识
	不发生系统性金融风险底线意识
职业道德	风险意识
	守法合规
	职业能力与专业素养

由此，金融风险管理课程思政教育的三大目标确立为：首先，培养学生爱岗敬业、诚实守信、责任担当、创新奋进、守法合规的职业精神和素养；其次，增强学生对国家金融政策、对中国特色社会主义道路和中国式现代化的理解和认同；最后，树立学生对国家金融风险领域发展的制度自信和道路自信，激发学生的爱国情怀和研究中国本土问题、参与本土化理论创新的热情和兴趣。金融风险课程思政目标为专业思政目标(培养兼具专业知识与人文素养、兼具国际视野与家国情怀、兼具职业精神与社会责任感的高水平应用型人才，使其成为支撑新金融战略发展、为数字经济服务的金融行业骨干)提供了有力的支撑。

5.6.3 课程思政教学实施路径

1. 课程内容的思政元素

根据教学目标覆盖"知识+能力+价值塑造"的要求，我们立足金融风险管理课程的特点和思政元素，对教学内容进行优化重塑，构建了"知识探究—能力培养—价值塑造"三位一体的教学内容体系。具体来说，结合每一章节的具体情况和具体问题，教学内容按照"案例+基础理论+模型应用+管理策略+中国实践"的逻辑框架展开，梳理出每章的思政内容或案例及思政元素(见表5-17)，以便主讲教师有的放矢地开展思政教学。

表5-17 金融风险管理课程的思政内容或案例及思政元素

章	节	思政内容或案例	思政元素
第1章 金融风险概述	第1节 金融风险的概念	美国次贷危机，冰岛金融危机，金融与实体经济的关系	国家金融安全大局意识，社会主义制度的优越性
	第2节 金融风险的特点	加强和完善现代金融监管	不发生系统性金融风险底线意识，中国方案与智慧
	第4节 金融风险对经济体系的影响	梳理习近平总书记关于金融风险系列讲话	风险意识，中国方案与智慧
	第5节 风险管理的发展历程	中国在全面风险管理方面的实践，比如引入民生银行、平安银行在全面风险管理方面开展的一系列卓有成效的工作，介绍上海银行利用金融科技助推风险管理转型升级等案例	中国方案与智慧，风险意识，家国情怀
第2章 金融风险识别与管理	第3节 金融风险识别方法	对比不同识别方法的优劣	批判性思维，与时俱进
	第4节 金融风险管理的主要方法	对比不同管理方法的优劣，介绍存款保险制度	思辨与探索，道路自信，中国成就
第3章 金融风险测度工具与方法	第2节 金融风险测度概述	对比均值—方差分析框架、风险价值法和一致性风险测度方法	批判性思维，科学发展与假设

(续表)

章	节	思政内容或案例	思政元素
第3章 金融风险测度工具与方法	第4、5、6节	分析对比不同 VaR 计算方法的优劣	批判性思维,思辨与探索
第4章 信用风险	第1节 信用风险概述	包商银行破产事件,永城煤电10亿元债券违约	诚实守信,道德规范,中国式现代化的认同感
	第2节 传统信用风险度量	对比分析专家分析法、评级法和评分法,Z评分模型的应用	批判性思维
	第4、5、6、7节	对比分析 KMV 模型、CreditMetrics 模型、CPV 模型、"CreditRisk+"模型的基本原理、适用范围和优缺点	批判性思维,专业能力,职业素养
	第8节 信用风险管理	中国将全面实施企业信用风险分类管理,介绍《商业银行金融资产风险分类办法》	中国智慧与方案
第5章 市场风险	第2节 市场风险度量	(十次著名)股灾,东南亚金融危机;借助软件运用历史模拟法和模型构建法测度市场风险	风险意识,中国担当,专业能力和素养
	第3节 市场风险管理	中信泰富衍生品投资巨额亏损事件,中国银行原油宝事件,介绍《商业银行市场风险管理指引》和《银行业金融机构全面风险管理指引》	国家金融安全大局意识,风险意识,中国成就
第6章 利率风险	第2节 利率风险度量	美国储贷协会危机,对比融资缺口模型、到期日模型和久期模型的应用	创新奋进,与时俱进
	第3节 利率风险管理	利率市场化改革,走中国特色金融发展之路,介绍《商业银行银行账户利率风险管理指引》	中国成就,中国智慧
第7章 流动性风险	第1、2、3节	海南发展银行倒闭事件、英国北岩银行挤兑事件、新冠疫情引发的世界流动性危机	国家政策,社会主义制度的优越性
	第5节 流动性风险管理	介绍《商业银行流动性风险管理办法》《理财公司理财产品流动性风险管理办法》	风险意识与风险管理
第8章 汇率风险	第1节 汇率风险概述	汇率波动的影响因素	思辨与探索
	第2节 汇率风险度量	土耳其地震引发金融市场大震荡,里拉大幅贬值	风险意识与风险管理

(续表)

章	节	思政内容或案例	思政元素
第8章 汇率风险	第3节 汇率风险管理	汇率市场化改革,华为公司的汇率风险管理,中国外汇制度改革历程	中国智慧与方案
第9章 操作风险	第1节 操作风险概述	巴林银行的倒闭,德国国家发展银行的"愚蠢操作"	职业道德,守法合规
	第2节 操作风险度量	巴塞尔协议指导的操作风险计量框架,中国实践	中国智慧与方案
	第3节 操作风险管理	中航油事件,光大证券"乌龙指"事件	爱岗敬业,职业道德,守法合规
第10章 其他风险	第1节 国家风险	希腊主权债务危机,俄罗斯金融危机	风险意识
	第2节 声誉风险	东亚银行48小时危机公关应对挤兑风潮	风险意识,职业素养
	第3节 战略风险	全球曼氏金融破产	风险意识
	第4节 合规风险	介绍《商业银行合规风险管理指引》	企业社会责任,风险意识
第11章 巴塞尔协议	第1、2、3、4、5、6、7、8节	《巴塞尔协议》的演进过程,《巴塞尔协议》对各类风险的监管	与时俱进
第12章 热点专题分析	第1节 互联网(数字)金融风险及监管	P2P暴雷事件,现金贷,介绍《关于促进互联网金融健康发展的指导意见》(银发〔2015〕221号)	国家金融安全大局意识,守住不发生系统性金融风险的底线意识,中国智慧与方案
	第2节 气候金融风险	绿色金融,"双碳"目标的中国政策和实践,环境、社会和公司治理(ESG)	中国智慧与担当
	第3节 影子银行风险及监管	资管新规,金融稳定报告	国家金融安全大局意识,守住不发生系统性金融风险的底线意识,中国智慧与方案

2. 学习活动和教学活动

金融风险管理课程以课前导入思政、课中强化思政和课后拓展思政的逻辑展开。课前按照知识板块制定明确的课程思政教学目标,将课程思政主题与金融风险管理各知识点有机融合。在教学过程中,灵活使用多种教学方法,让思政教育有温度、有热情、有深度。采用案例教学和情景教学,导入金融风险案例,植入思政情景,让学生更有代入感,更易引起情感共鸣;实施协作学习,组织讨论交流,创造和谐的师生互动、生生互动的氛围。通过创设情境和教学互动,在着力培养学生风险管理思维和金融知识应用分析能力的同时,把学科前沿、国家政策、职业道德融入课堂教学过程,让学生在课程与思政无缝衔接中做到学深悟透。此外,课后让学生通过参加竞赛活动,感性认识职业素养和职业精神;通过引导学生浏览金融时报、新浪财经等媒体的新闻，使学生了解新形势、新现象、新问题；让学生通过参与撰写课程论文和科技活动，深入探究现实问题，理解中国金融风险管理的实践和故事。

3. 思政教育的考核方式

立足 OBE 成果导向教育理念，金融风险管理课程遵循以下原则进行考核：①过程性考核与终结性考核相结合；②知识考核、能力考核和价值考核并重。

在思政教育考核方面，特别强调学生能够做到诚信守时，按时上课，原创性完成各项作业或任务，能够在金融风险管理实践活动中理解并遵守相关金融职业道德和规范。其具体考核方式及内容如表 5-18 所示。

表 5-18　金融风险管理课程考核方式及内容

考核方式		考核内容	所属章(单元)	相应权重	占比(合计100%)	课程目标					
						知识	应用	整合	情感	价值	学习
过程性考核	作业	考核学生对于金融风险管理基础知识、基本理论与基本模型的识记、理解、分析与应用	三、四、五、六、七、八、九	25%	60%	√	√				
	读书笔记分	考核学生对金融风险管理相关领域的拓展认知和素养	四、五、六、七、八、九、十、十一、十二	10%		√					√
	研究报告(围绕金融风险管理案例进行分析，并对成果进行展示与交流)	考核学生对利用数学知识及相关软件，解决金融风险管理现实问题的能力，自主学习、协作学习与沟通交流的能力	四、五、六、七、八、九	25%			√		√	√	√
	金融风险管理方案设计与实践	考核学生设计具有创新性金融风险管理流程和方案的能力、从事金融风险管理工作的实践能力		40%			√	√		√	
	小计				100%						
终结性考核	期末闭卷考试	考核学生对于金融风险管理领域基本概念、基本理论、基本技能的理解、分析、应用与评价，诚信完成考试	全部	100%	40%	√	√	√			

5.6.4 课程思政教学设计

金融风险管理课程思政教学设计范例如下。

金融风险管理课程思政教学设计范例

○ **教学内容**　数字金融的风险与监管

○ **教学背景**

随着大数据、云计算、区块链、人工智能等新兴数字技术的蓬勃发展,金融科技与数字金融风险管理受到越来越多的关注和重视。数字金融不仅拓展了金融服务的范围,还突破了传统金融模式的局限性和滞后性,已经渗透至人们日常生活的方方面面。然而,数字金融在快速发展的过程中也带来了一些问题,比如 P2P 爆雷、校园贷、现金贷等高利贷,数字金融诈骗等社会问题。

○ **教学目标**

1. 知识目标
(1) 理解具有中国特色的数字金融及其与发达国家的差异。
(2) 理解数字金融所带来的金融风险和社会问题。
(3) 理解中国在数字金融监管方面的实践。
2. 能力目标
(1) 通过环环相扣的教学问题,循序渐进推进教学过程,训练学生的逻辑思维能力。
(2) 能够运用数字金融相关理论分析现实问题,引导学生透过现象看本质,培养学生辩证思考和批判思考能力。

○ **教学方法**　场景模拟、问题导向、典型事实、启发互动、社会热点问题分析

○ **思政元素**

党的二十大报告指出,要加强和完善现代金融监管,强化金融稳定保障体系,依法将各类金融活动全部纳入监管,守住不发生系统性风险底线。党的十九大报告将防范化解重大风险作为三大攻坚战之一。金融科技、互联网金融、数字金融的发展对金融风险管理提出了更高的要求。本节的思政元素可以概括为风险意识、与时俱进、思辨与探索、中国智慧和方案。

○ **教学过程**

线上:中国大学 MOOC
课前,学生在中国大学 MOOC 观看指定的视频。

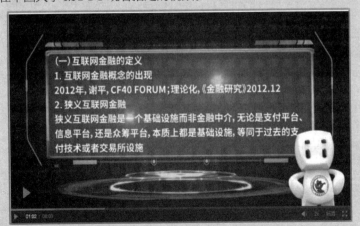

线下:课堂教学
1. 数字金融的内涵及发展过程
(1) 设计目标:通过数据、图表等典型事实,让学生直观理解数字金融的概念及发展过程。

(2) 教学活动：具体如下。

① 对比国内外与数字金融相关的高频词汇，理解数字金融的概念。

高频关键词频次表

序列	CSSCI 高频关键词				序列	SSCI 高频关键词			
	中心度	首次出现年份	关键词	频次		中心度	首次出现年份	关键词	频次
1	0.2	2013	金融科技	205	1	0.06	2014	Bitcoin	369
2	0.23	2013	P2P 网络借贷	141	2	0.01	2017	Blockchain	255
3	0.32	2013	互联网金融	131	3	0.01	2015	Cryptocurrency	241
4	0.32	2013	P2P	112	4	0.04	2013	Model	125
5	0.09	2013	数字货币	112	5	0.03	2016	Technology	112
6	0.28	2015	区块链	108	6	0.01	2018	Inefficiency	97
7	0.24	2013	金融监管	94	7	0.1	2013	Market	96
8	0.1	2014	P2P 网贷	74	8	0.01	2016	Fintech	87
9	0.1	2013	比特币	64	9	0.02	2015	Volatility	86
10	0.06	2014	网络借贷	50	10	0.1	2013	Trust	83
11	0.04	2013	区块链技术	39	11	0.06	2013	Impact	76
12	0.03	2017	监管科技	33	12	0.05	2014	Information	71
13	0.04	2016	数字金融	32	13	0.06	2016	Economics	64
14	0.02	2013	P2P 借贷	30	14	0.02	2017	Return	61
15	0.08	2015	P2P 网贷平台	29	15	0.01	2016	Management	60
16	0.07	2015	P2P 平台	26	16	0.04	2017	Sharing economy	60
17	0.05	2013	商业银行	23	17	0.1	2013	System	60
18	0.02	2014	违约风险	22	18	0.01	2016	Gold	60
19	0.05	2016	大数据	21	19	0.04	2014	Framework	59
20	0.06	2015	信息不对称	21	20	0.05	2015	Internet	55

注：数据统计至 2020 年 4 月 15 日。

② 以移动支付和数字普惠金融为例，透视数字金融的发展过程。

中国人民银行发布《2021 年支付体系运行总体情况》，其中：2021 年移动支付业务 1212.28 亿笔，金额 526.98 万亿元，同比分别增长 22.73% 和 21.94%。

③ 理解具有中国特色的数字金融：数字金融的普惠性。

移动支付提供商(支付宝和微信)的活跃用户超过 10 亿人。互联网银行(腾讯的微众银行、蚂蚁金服的网商银行及小米的新网银行)每年各自为超过 1000 万的个人或小微企业提供贷款。

(3) 课后阅读：从 25 年统计数据看中国互联网发展。

2. 导入故事：数字藏品背后的数字骗局

(1) 设计目标：在理解了数字金融的内涵及发展后，将热点现实问题作为切入点，能够有效地激发学生学习积极性，同时起到引导学生正确认识和分析现实问题的作用。

(2) 问题引导：像朱先生这样禁不住诱惑购买数字藏品的人，应如何抵御数字金融发展过程中的金融诈骗问题？

(3) 教学活动：通过导入故事引出数字金融发展的风险和所带来的社会问题。

3. 数字金融的金融风险和社会问题

(1) 设计目标：在故事的引导下，通过设问的方式，引出数字金融存在的风险。

(2) 教学活动：

- 以金融诈骗为例，讲解数字金融带来的风险和社会问题；
- 拓展讲解数字金融发展过程中的 P2P 爆雷事件，深入理解数字金融的风险；
- 培养学生全面、辩证分析问题的意识和习惯。

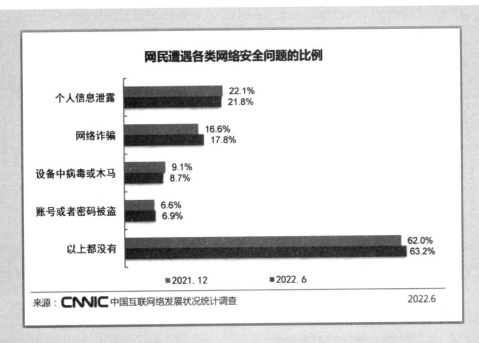

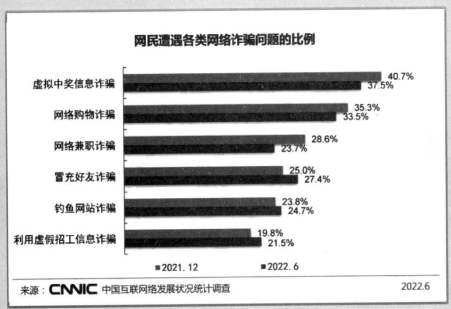

4. 数字金融的监管：中国实践

(1) 设计目标：在分析了数字金融的风险后，引出中国在数字金融监管方面的实践，层层递进，逻辑演绎，一环扣一环。

(2) 教学活动：
- 梳理各国数字金融监管政策的发展过程；

主要国家金融监管政策的演变历程

国家	标志性事件	政策效果	主要经验
美国	·2008年次贷危机全面爆发 ·2010年《多德—弗兰克法案》	修正完善金融监管体系，进一步稳固美联储的金融地位，保护消费者权益	充分自律的"归口监管"模式，以稳定为目标，但削弱了金融领域的创新性发展
英国	·1997年成立金融服务监管局(FSA) ·2013年撤销FSA，设立金融行为局(FCA) ·2015年创立"监管沙盒"机制 ·2019年建立跨国监管沙盒"全球金融创新网络"	初创企业蓬勃发展，在全球形成示范效应，迅速被多个国家和地区引入借鉴	通过"双峰监管"模式实现金融消费者权益保护与审慎监管的职能分离，平衡创新与监管
德国	·2002年成立联邦金融监管局(BaFin) ·2010年欧洲系统性风险委员会(ESRB)成立后，设立金融稳定委员会 ·2017年成立金融科技委员会	金融监管体系不断加强，数字金融市场规模位居欧洲前列	"稳健监管"不失严格，加强了宏观与微观审慎监管之间的联系，保证内外部沟通协调
新加坡	·1970年议会通过《新加坡金融管理局法》 ·1971年成立金融管理局(MAS) ·1999年实施银行业自由化政策 ·2006年公布"智能城市2015"计划 ·2014年提出"智慧国家2025"10年计划 ·2015年成立金融技术和创新团队(FTIG) ·2016年成立金融科技署(Fintech Office)	金融市场开放程度提高，融资规模扩大，金融稳健全球闻名	成立专门机构是金融监管的重要手段，稳健的金融系统为金融自由化提供更坚实的基础
日本	·1998年确立日本银行为中央银行，剥夺大藏省的相关行政权力 ·2000年设立金融监管厅	政府金融监管实权和独立性不断增强	金融监管体制改革"治标不治本"，政权腐败仍是巨大隐患
印度	·2010年成立金融稳定与发展委员会 ·2016年成立跨部门监管工作组 ·2017年成立金融科技工作组，呼吁建立"监管沙盒"和创新中心	数字金融爆发式增长，市场融资规模在全球名列前茅	审时度势，及时调整监管目标，协调平衡数字金融的安全与健康发展

- 讲解中国数字金融监管的相关政策文件和实践，如《"十四五"数字经济发展规划》《金融科技发展规划(2022—2025年)》《金融标准化"十四五"发展规划》《关于银行业保险业数字化转型的指导意见》《保险科技"十四五"发展规划》等；
- 在数字金融的发展中，如何实现鼓励金融创新、有效防控风险和保护消费者权益三者之间的均衡？

(3) 课后阅读：黄益平，陶坤玉. 中国的数字金融革命：发展、影响与监管启示[J]. 国际经济评论，2019(6).

5. 社会问题讨论：身边的数字金融风险

(1) 设计目标：对与学生息息相关的现金贷、校园贷等"不该贷""过度贷"现象进行反思，培养学生辩证思考能力，鼓励学生课后阅读和思考。

(2) 教学活动：
- 以小组形式，讨论现金贷、校园贷等"不该贷""过度贷"现象可能引发的社会问题；
- 培养学生全面、辩证分析问题的意识和习惯。

6. 理论/思政升华

(1) 设计目标：风险无处不在，增强风险意识，提高学生辩证看待事物发展的能力。

(2) 课程思政：风险意识、与时俱进、思辨与探索、中国智慧和方案，引导学生树立风险意识，培养辩证思考和判断的能力，了解与感知中国智慧与方案。

5.7 金融市场学课程思政建设

5.7.1 课程简介和目标

1. 课程简介

金融市场学课程是金融学专业的基础课程之一,本课程从市场运行的角度介绍金融市场的构成及运行机制,全面系统地讲述金融市场的功能及其发展趋势,货币市场、股票市场、债券市场、外汇市场、金融衍生品市场的基本知识和基本原理,债券价值分析和普通股价值分析方法,金融市场风险与监管的基本理论与方法,以及广泛适用于各金融市场行情分析的技术分析方法。

通过本课程的教学,可以使学生掌握金融市场的基本理论、基本知识和基本技能,全面了解现代金融市场的运行机制、金融资产的定价方法及主要金融变量的相互关系。在教学中强调理论联系实际,重视实际应用能力的培养,通过案例分析、课堂讨论培养学生从整个金融系统运行的角度认识金融市场、综合判断和分析金融市场实际问题的能力,为深入学习后续专业知识和技术技能奠定基础。

2. 课程目标

金融市学课程为专业选修课程,通过本课程的教学,学生能够达到以下目标。

(1) 知识:学生能够掌握金融市场的基本理论和基本知识,全面了解现代金融市场的运行机制、金融资产的定价方法及主要金融变量的相互关系,能够扼要陈述并解释金融市场领域的发展现状与趋势。

(2) 应用:学生能够结合相关专业知识,整合应用金融市场的基本理论分析、评价金融市场热点问题,并形成个人观点。

(3) 整合:学生能够应用金融市场实务的知识,对金融市场的新产品、新模式进行分析研究,并形成初步研究报告。

(4) 情感:学生能够参与协作学习,具有团队合作意识,能够就金融市场的热点问题撰写报告,进行成果展示,以及进行有效的沟通与交流。

(5) 价值:学生能够在金融市场实践活动中理解并遵守相关金融职业道德和规范,履行责任。

(6) 学习:学生能够利用 MOOC、微课、云班课等线上学习课程和资源,开展自主学习,提升自主学习能力。

5.7.2 课程特点与思政目标

金融市场学是理论性、应用性和时代性相结合的一门课程,为金融学专业学习构建起从一般理论到微观构成及运行机制的桥梁。课程系统建设了"传统文化+时代特征+国际视野"的思政融入机制，进一步探索和实践将课程思政内容有机融入课程的教学过程，从三个维度设计并打磨"课程思政"示范课程。

基于课程的特点，从中国金融市场发展的道路自信和制度自信、全球经济金融治理中的中国智慧与方案、金融机构社会责任、金融行业从业人员职业道德等角度切入，梳理课程思政元素要点，并有机融入课程教学，实现知识传授与价值引领的有机统一。这4个切入点具体化为12个思政元素，具体情况如表5-19所示。

表 5-19 金融市场学课程思政教育切入点和思政元素

思政教育切入点	思政元素
中国智慧与方案	中国成就
	道路自信
	制度自信
	家国情怀
金融机构社会责任	创新奋进
	优质服务
	科学发展
金融行业从业人员职业道德	诚实守信
	爱岗敬业
	实事求是
	风险意识
	法治意识

由此，金融市场学课程思政教育的三大目标确立为：首先，培养学生爱岗敬业、诚实守信、责任担当、创新奋进的职业精神和素养；其次，增强学生对国家金融政策的理解和认同；最后，树立学生对国家金融市场领域发展的制度自信和道路自信，激发学生的爱国情怀。金融市场学课程思政目标为专业思政目标(培养兼具专业知识与人文素养、兼具国际视野与家国情怀、兼具职业精神与社会责任感的高水平应用型人才，成为支撑新金融战略发展、提供为数字经济服务的金融行业骨干)提供了有力的支撑。

5.7.3 课程思政教学实施路径

1. 课程内容的思政元素

根据教学目标覆盖"知识+能力+价值塑造"的要求，我们立足金融市场学课程的特点和思政元素，对教学内容进行了优化重塑，构建了"知识探究—能力培养—价值塑造"三位一体的教学内容体系。具体来说，教学内容按照"基础知识—理论—实务—政策—现实与热点"的逻辑框架展开,梳理出每章的思政内容或案例及思政元素(见表 5-20),以便主讲教师有的放矢地开展思政教学。

表 5-20 金融市场学课程的思政内容或案例及思政元素

章	节	思政内容或案例	思政元素
第1章 金融市场概述	第 1 节 金融市场的概念、主体与类型	习近平新时代中国特色社会主义思想	家国情怀,制度自信,道路自信
	第 2 节 金融市场的功能和发展趋势	新时代十年中国金融业取得的伟大成就	
第2章 货币市场	第 1 节 货币市场的定义及其结构	数字人民币	创新精神,辩证思维
	第 2 节 货币市场的交易原理	第三方支付平台——支付宝	
第3章 资本市场	第 1 节 股票市场	中国股票市场的发展历程	风险意识,人类命运共同体,践行使命担当,可持续发展
	第 2 节 债券市场	绿色债券的中国实践	
	第 3 节 投资基金市场	主权基金的兴起	
	第 4 节 另类投资市场	政府投资基金的社会效益	
第4章 外汇市场	第 1 节 外汇市场概述	人民币国际化	民族自强精神,制度优越性,开放的全球宏观视野
	第 2 节 外汇市场的构成及功能		
	第 3 节 外汇市场的交易方式	"一带一路"倡议	
	第 4 节 汇率决定理论与影响因素		
第5章 金融衍生品市场	第 1 节 金融远期和期货概述	青山控股集团"伦镍事件"	创新精神,风险意识,企业家精神,契约精神
	第 2 节 远期和期货的定价	中国银行原油宝事件	
	第 3 节 金融互换	人民币与澳元的货币互换	
	第 4 节 期权	"3·27"国债风波	
第6章 债券价值分析	第 1 节 债券定价的基本原理	特别国债的发行与定价	社会责任,法治意识
	第 2 节 债券价值原理		
	第 3 节 债券价值属性	我国债券信用评级和债券违约情况分析	
	第 4 节 久期、凸度及与免疫		
第7章 普通股价值分析	第 1 节 股利贴现模型	重大公共事件对相关板块股票投资价值的影响	社会责任,科技强国战略
	第 2 节 市盈率模型		
	第 3 节 负债情况下的自由现金流分析		
	第 4 节 通货膨胀对股票价值评估的影响		

(续表)

章	节	思政内容或案例	思政元素
第8章 利率机制	第1节 利率概述	中国的利率市场化进程	道路自信，理论自信，创新精神
	第2节 利率水平的决定		
	第3节 收益率曲线	新型货币政策工具	
	第4节 利率期限结构		
第9章 资产证券化	第1节 资产证券化的定义、特点、参与者	蚂蚁金服的ABS产品	实践精神，辩证思维，创新精神
	第2节 资产证券化的一般程序		
	第3节 抵押支持证券的定义和分类		
	第4节 资产支持证券的定义和分类	公募REITs基金	

2. 学习活动和教学活动

在教学过程中，组织多种学习活动和教学活动，让思政教育有温度、有热情、有深度。教学活动包括课堂讲授、自主学习、成果展示、时事评析等，课堂组织过程中实施协作学习，组织讨论交流，营造和谐的师生互动、生生互动的氛围，让情感越辩越浓烈，让道理越辩越清晰。

3. 思政教育的考核方式

金融市场学课程为考查课，立足OBE成果导向教育理念，金融市场学课程以考核理论知识及其运用能力为重点，理论知识考核与能力考核相结合。考核成绩由平时成绩(课后作业、小组讨论、金融市场热点事件展示与交流)和期末成绩(金融市场案例分析)构成，其中平时成绩占70%，期末成绩占30%。平时成绩和期末成绩均按百分制计分。

在思政教育考核方面，特别强调学生能够做到诚信守时，按时上课，原创性完成各项作业或任务，能够在金融市场实践活动中理解并遵守相关金融职业道德和规范。具体考核方式及内容如表5-21所示。

表5-21 金融市场学课程考核方式及内容

考核方式		考核内容	所属章(单元)	相应权重	占比(合计100%)	课程目标				
						知识	应用	整合	情感	价值	学习
过程性考核	作业	考核学生对金融市场基础知识、基本理论与基本分析方法的识记、理解、分析与评价	三、六、七、十	30%	70%	√					√

(续表)

考核方式		考核内容	所属章（单元）	相应权重	占比（合计100%）	课程目标					
						知识	应用	整合	情感	价值	学习
过程性考核	小组讨论	考核学生对金融领域市场的现状与趋势及对热点问题的把握	一、二、三、四、五、八、九	30%	70%(续)	√			√		√
	金融市场热点事件展示与交流(围绕现实中的金融市场事件进行分析与研究，并进行成果展示与交流)	考核学生对金融市场现实问题的分析与评价能力，考核学生自主学习、合作学习与沟通交流的能力	一、二、三、四、五	40%			√	√	√		
	小计			100%							
	期末作业(金融市场案例分析)	考核学生应用金融市场理论与实务知识分析市场案例的基本技能，考核学生的分析与写作能力，以及对相关职业道德的理解	一、二、三、四、五、九、十	100%	30%	√	√	√			

5.7.4 课程思政教学设计

金融市场学课程思政教学设计范例如下。

金融市场学课程思政教学设计范例

○ **教学内容**　资产证券化
○ **教学背景**
　　资产证券化产品丰富，风险多样，我国的基础设施证券化产品具有鲜明的国家特色，无论是产品设计还是交易规则，都具有创新性，因此通过案例教学融入思政元素，引导学生在金融市场实践活动中认识并理解政府行为与市场创新的有效融合。
○ **教学目标**
　1. 知识目标
　(1) 了解和掌握资产证券化的定义、特征与分类。
　(2) 了解和掌握资产证券化的参与者。
　(3) 理解和掌握资产证券化的一般程序。
　2. 应用目标
学生通过整合应用金融市场的基本知识和理论，对我国资产证券化实践案例进行分析、评价和研判。
　(1) 分析中航首钢绿能 REITs 发行流程的关键环节。
　(2) 分析哪些固定资产可以成为公募 REITs 产品的基础资产。
　(3) 讨论投资者为什么青睐公募 REITs 基金投资。
　(4) 讨论政府为什么支持发行公募 REITs 基金。

3. 情感目标

(1) 利用线上线下资源，开展自主学习与协作学习，具有团队合作意识，讨论研究，进行有效的沟通与交流。

(2) 在金融市场实践活动中认识并理解政府行为与中国金融市场创新，树立社会主义制度自信与道路自信。

○ **教学方法**　翻转课堂混合式教学、课堂讲授、案例教学、自主学习

○ **思政元素**　创新意识、风险意识、绿色发展理念、社会主义制度自信与道路自信

○ **教学过程**

课堂教学

1. 课前引入：课前预习内容回顾课程简介(5分钟)

(1) 运用蓝墨云班课资源分享模块，引导学生进行自主学习。

(2) 在蓝墨云班课中设置提问板块，鼓励学生主动预习基本知识点，并独立思考，带着问题走进课堂。

(3) 在蓝墨云班课中设置课前小测试，考查学生学习情况，根据测试结果有侧重点地开展教学。

(4) 简要介绍本次课程主要内容和框架。

2. 知识点讲授：介绍资产证券化的定义和特征、参与者、一般程序、分类(10分钟)

(1) 资产证券化的定义如下。

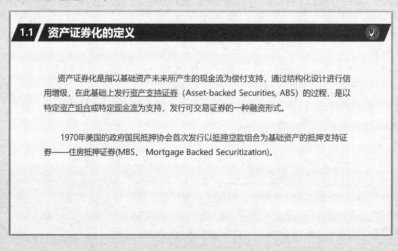

(2) 资产证券化的特点如下。

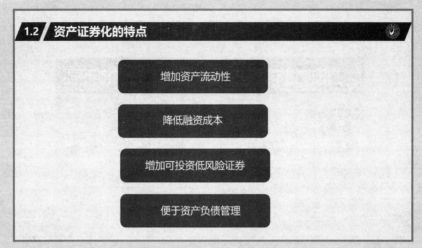

(3) 资产证券化的参与者如下。

(4) 资产证券化的一般程序如下。

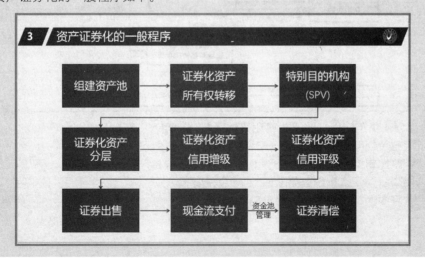

(5) 资产证券化的分类如下。

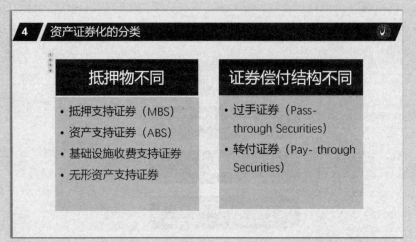

3. 案例分析环节：引入中国实践案例分析——中航首钢绿能 REITs(25 分钟)

(1) 引入中国故事——中航首钢绿能 REITs，简要分析中航首钢绿能 REITs 发行流程、法律关系和资金流向。

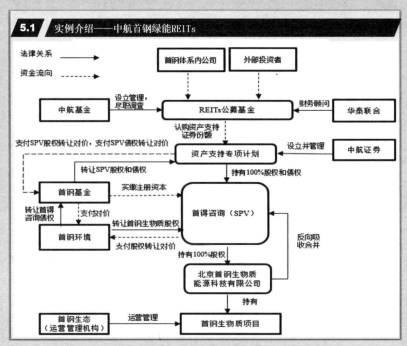

(2) 学生分 4 个小组进行案例分析和研讨，并分别回答以下问题：
● 分析中航首钢绿能 REITs 发行流程的关键环节；
● 分析哪些固定资产可以成为公募 REITs 产品的基础资产；
● 讨论投资者为什么青睐公募 REITs 基金投资；
● 讨论政府为什么支持发行公募 REITs 基金。

案例研讨

- 试分析中航首钢绿能REITs发行流程的关键环节。
- 讨论哪些固定资产可以成为公募REITs产品的基础资产?
- 投资者为什么青睐公募REITs基金投资?
- 政府为什么支持发行公募REITs基金?

4. 主讲教师进行点评,在此基础上,总结和拓展讲解的内容

(1) REITs 流程架构如下。

5.2 REITs流程架构

REITs(Real Estate Investment Trusts)通常译为不动产投资信托基金,是一种以发行收益凭证的方式汇集投资者资金,由专业投资机构进行经营管理,并将收益按比例分配给投资者的一种信托基金。

(2) 公募 REITs 发行要点如下。

5.2 公募REITs发行要点

- 重点区域:优先支持京津冀、长江经济带、雄安新区、粤港澳大湾区、海南、长三角等;支持国家级新区、有条件的国家经开区。

- 重点行业:优先支持基础设施补短板行业,包括仓储物流、收费公路、机场港口等交通设施,水电气热等<u>市政工程</u>,城镇污水垃圾处理、固废危废处理等<u>污染治理项目</u>;鼓励信息网络等<u>新型基础设施</u>,以及<u>国家战略性新兴产业集群</u>、<u>高科技产业园区</u>、<u>特色产业园区</u>等开展试点。

  注意:基础设施不包含住宅和商业地产。

(3) 公募 REITs 发行情况如下。

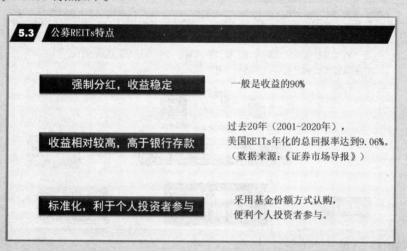

(4) 公募 REITs 特点如下。

(5) REITs 政策支持如下。

5.4 REITs政策支持

政府职责

(1) 各省级**发展改革委**主要从项目是否符合国家重大战略、宏观调控政策、产业政策、固定资产投资管理法规制度，以及鼓励回收资金用于基础设施补短板领域等方面出具专项意见。

(2) 在省级发展改革委出具专项意见基础上，国家发展改革委将符合条件的项目推荐至**中国证监会**，由证监会、**沪深证券交易所独立履行注册、审查程序，自主决策**。证监会各派出机构、沪深证券交易所与省级发展改革委加强协作，做好项目遴选与推荐工作。

(3) 证监会制定公开募集基础设施证券投资基金相关规则。沪深证券交易所比照公开发行证券相关要求建立基础设施资产支持证券发行审查制度。证监会各派出机构、沪深证券交易所、中国证券业协会、中基协等有关单位对基础设施资产支持证券发行等环节相关参与主体的进行监督管理。

5. 课程小组作业(5分钟)

(1) 引导学生进行课程复盘，通过互动提问等方式，回顾课程内容。
(2) 布置推荐阅读材料。
(3) 布置期末作业选题。

推荐阅读材料

- 我国公募REITs基金的发展现状与趋势
- 中信建投：深度解析REITs估值定价（20221007）
- 中央结算公司：《2021年资产证券化发展报告》
- 金融研究：资产证券化定义和模式的检讨
- 中国出版：基于REITs的版权资产证券化法律规制模式研究

期末作业选题

- 美国次贷危机的资产证券化产品分析。（8分选题）
- 2008年美国次贷危机中贝尔斯登和雷曼兄弟的不同命运：原因及结果。（9分选题）
- 蚂蚁金服的资产担保证券（ABS）的风险分析（10分选题）。

第 6 章
金融学专业特色课程

6.1 金融营销学课程思政建设

6.1.1 课程简介和目标

1. 课程简介

金融营销学课程是金融学专业的核心课程，本课程从金融服务的特殊性入手，以应用性为出发点，辅以大量的实务案例，力求结合国内外金融营销活动的最新发展与管理经验，帮助学生系统地学习金融营销的环境与客户分析的内容，金融营销目标市场选择、服务产品开发与管理的策略，金融营销中品牌营销、关系营销、整合营销、创新型营销的方法，以及金融营销的管理。

课程旨在通过讲授、启发式教学、案例教学、情景式教学等多种教学方法，使学生具备以金融市场为导向、以消费者为核心来理解金融服务、制定营销策略的能力，具备运用专业的知识和良好的沟通技巧满足金融服务消费者需求的能力，理解金融伦理准则，熟悉金融从业人员职业道德要求和金融企业的社会责任。

2. 课程目标

金融营销学课程为专业选修课程。通过本课程的教学，学生能够达到以下目标。

(1) 知识：学生能够运用金融营销的知识和理论，对金融营销微观、中观、宏观环境与热点事件进行分析；理解金融客户行为的影响因素，理解金融客户的决策过程，能够与客户、同行进行有效沟通与交流，了解并分析客户需求；理解金融市场细分与金融市场定位，能够运用金融营销的知识和理论，分析金融机构的营销战略。

(2) 应用：学生能够应用金融市场调查的方法，设计金融市场调查方案，并实施金融市场调查；能够应用金融营销的知识，制定金融营销策略，设计金融营销方案，制订金融营计划，执行金融营销管理。

(3) 整合：学生能够结合其他专业知识，整合应用营销学的基本原理分析、评价那些已经或正在发生的重大国际金融现实问题。

(4) 情感：学生能够加入团队进行协作学习，具有团队合作意识，能够有效进行沟通与交流，能够就金融营销问题撰写课程报告，并进行成果展示。

(5) 价值：学生能够具备金融服务的意识，建立良好的职业道德素养和职业精神，具备创新意识。

(6) 学习：学生能够利用MOOC、云班课资源、微课等线上学习资源和图书馆资源，开展自主学习和协作式学习，提升自主学习能力。

6.1.2 课程特点与思政目标

金融营销学课程旨在培养学生将理论上学习的金融产品与相关理论有效运用于现实金融服务之中的能力，课程起着有效衔接金融学其他课程与客户需求的桥梁和纽带作用，特点是体验性强、实践性强，需要将"学"与"用"高度结合。首先，通过本课程学习，要求学生掌握市场营销的基本理论和方法；其次，通过本课程的教学，培养学生针对客户、市场、产品、服务、相关问题的分析与解决问题的能力，以及营销创新能力；最后，在了解金融营销与客户服务的基本职业道德基础上，培养学生的服务意识与职业精神。因此，课程教学内容与金融市场、金融行业发展高度结合，学生的学习与应用密切衔接、知识学习与任务驱动相互配合。

立足课程的特点，金融营销学课程确定了开展思政教育的4个切入点：社会主义核心价值观、思辨与探索、社会责任与职业道德，并且将这4个切入点具体化为12个思政元素，具体情况如表6-1所示。本课程的思政教育目标主要包括：①在培养学生社会主义核心价值观的同时，树立以客户为中心的服务理念；②在理解金融伦理问题的基础上，培养社会责任；③塑造金融从业人员职业道德、职业责任和职业精神。金融营销学课程思政目标是专业思政目标(培养兼具专业知识与人文素养、兼具国际视野与家国情怀、兼具职业精神与社会责任感的高水平应用型人才，成为支撑新金融战略发展、提供为数字经济服务的金融行业骨干)必不可少的支撑。

表6-1 金融营销学课程思政教育切入点和思政元素

思政教育切入点	思政元素
社会主义核心价值观	爱岗敬业
	诚实守信
	实事求是

(续表)

思政教育切入点	思政元素
思辨与探索	批判性思维
	分析能力
社会责任	金融服务于实体经济
	金融伦理
	政策认同
	守正创新
职业道德	职业道德、职业责任和职业精神
	风险意识
	服务意识

6.1.3 课程思政教学实施路径

1. 课程内容的思政元素

根据金融营销学课程的教学目标，基于本课程的特点和内容发掘思政元素。具体来说，教学内容按照"基础知识理论—现实与热点—政策与监管"的逻辑框架展开，梳理出每章的思政内容或案例及思政元素(见表6-2)，通过课程思政设计与思政元素无缝融入，发挥课程的价值引领作用。

表6-2 金融营销学课程的思政内容或案例及思政元素

模块	章	节	思政内容或案例	思政元素
导论	第一章 金融营销导论	第三节 金融营销的演变历程	金融营销历史及演变阶段	金融史的进步与徘徊
		第四节 我国的金融营销现状	我国金融营销变迁	中国金融服务的发展历程
金融营销环境与客户	第二章 金融营销环境	第二节 金融营销的宏观环境分析	金融营销的经济环境、社会环境与技术环境；案例：技术进步与客户行为	科学发展与社会批判性思维
		第三节 金融营销的中观环境分析	案例：中国征信体系的发展完善	诚信教育
	第三章 金融营销中的客户行为	第二节 金融客户行为的影响因素	消费者认知：论银行保险业务的规范	诚信教育，服务意识
市场细分与金融营销战略	第四章 金融市场细分与定位	第一节 金融市场细分	小微金融业务与民生银行	金融服务实体经济
		第二节 金融市场定位	市场定位：客户基础下沉与2022年村镇银行事件	金融伦理，诚信教育

(续表)

模块	章	节	思政内容或案例	思政元素
市场细分与金融营销战略	第五章 金融营销组织与战略	第一节 金融营销组织的发展与控制	平安集团的战略与新冠疫情后的经营业绩	批判性思维
		第二节 金融营销战略的分类与实施	富国银行的战略与营销丑闻	诚信教育，职业道德
金融市场调查	第六章 金融市场调查	第二节 金融市场调查内容	金融市场调查的必要性与方法	实事求是
金融营销策略与管理	第七章 金融营销策略与创新	第二节 金融产品策略	中银原油宝事件始末	风险意识与风险管理，金融营销的伦理原则，金融从业者的职业道德
		第三节 金融产品定价策略	基金管理费定价的类型与变迁	社会责任，批判性思维
		第四节 金融营销渠道策略	金融营销渠道的拓展与创新	批判性思维，职业道德
		第六节 金融营销的创新方式	互联网金融营销	批判性思维
	第八章 金融营销管理	第五节 金融营销的风险管理	民生银行的小微企业风险管理	风险意识，诚实守信

2. 学习活动和教学活动

根据教学目标优化教学内容，形成金融营销"基础知识理论—现实与热点—政策与监管"的教学实施框架。根据教学内容的知识类型与教学目标层次，选择适合的教学方法。以学生为中心，根据教学目标设计整合教学内容，构建导论、金融营销的环境与客户、市场细分与金融营销战略、金融市场调查、金融营销策略、金融营销管理六大模块；在教学过程中，混合使用线上与线下的课程教学资源(案例资源、视频教学资源、专家资源)等，通过基础知识理论、现实与热点、实践应用、政策与监管的多方位切入，实现"知识探究—能力培养—价值塑造"的进阶式教学目标。

有效利用课堂教学和课下自主学习，以任务驱动开展成果汇报、案例分享、营销策划、行业专家讲座等教学活动。综合运用讲授法、启发式教学法、讨论法、案例教学法、情景模拟教学方法，在学习过程中代入毕业后即将扮演的金融营销"前台岗"角色，让学习与体验并行，个人成长与团队合作并举。通过行业专家引导、案例切入、情景模拟来形成未来的职业感知。

3. 思政教育的考核方式

构建多元化评价主体，知识考核、能力考核和价值考核并重，以"团队评价"带动"个人评价"，实施"过程评价"与"结果评价"相结合。在平时成绩中，教师根据学生的成果汇报、案例分享、营销方案策划等学习成果进行团队评价的过程评价；团队成员互评，个人得分在团队得分基础上根据互评结果调整，以此增强小组成员对团队工作的投入，形成团队凝聚力。

在思政教育考核方面，特别强调学生能够做到原创性完成各项任务，能够在金融营销实践活动中理解相关金融伦理，遵守金融职业道德和规范。具体考核方式及内容如表 6-3 所示。

表 6-3 金融营销学课程考核方式及内容

考核方式		考核内容	所属章（单元）	相应权重	占比（合计100%）	课程目标					
						知识	应用	整合	情感	价值	学习
过程性考核	信息分享	考核学生对金融营销现实、热点的跟踪、把握	一、二、三、四、五、六、七、八	20%	60%	√	√				
	阅读分享与交流	考核学生对金融营销领域的重要问题、现实热点的理解、分析与评价能力	一、二、三、四、五、六、七、八	20%		√	√				
	案例分析	考核学生对金融营销现实问题的理解、分析与评价能力；考核学生自主学习、合作学习与沟通交流的能力；考核学生在职业道德、职业精神方面的理解与评价能力	五、六、七、八	20%				√		√	
	每章任务	考核学生运用金融营销理论知识和市场调查方法，分析客户需求，制定金融营销策略、设计金融营销方案、制订金融营销计划、执行金融营销管理；考核学生团队协作、沟通交流、合作学习的能力	一、二、三、四、五、六、七、八	40%		√	√	√	√	√	√
	小计			100%							
终结性考核	期末大作业(营销策划书)	考核学生全面运用金融营销学知识，在分析金融营销环境的基础上，根据客户需求和企业战略，对金融产品/服务的营销策略、营销管理的实际分析、应用、创新	一、二、三、四、五、九、十、十一	100%	40%	√	√	√	√	√	

6.1.4 课程思政教学设计

金融营销学课程思政教学设计范例如下。

金融营销学课程思政教学设计范例

○ **教学内容**　京东金融情感营销的"亮点"与"纠偏"

○ **教学背景**

多年前，马斯洛发现当我们实现了基本的生理和安全需要之后，情感和归属变得更加重要。近年来，各个商业机构，包括金融品牌也都在发力情感营销。但在此过程中也呈现出一些问题，尤其是在广告宣传方面引发社会的广泛讨论与金融监管当局的关注。

○ **教学目标**

1. 知识目标

(1) 理解情感营销的概念及其提出的现实背景。

(2) 理解情感营销的关键。

2. 能力目标

(1) 通过现实案例和教学问题来推进教学过程，引导学生理解金融机构情感营销的方式与关键。

(2) 引导学生透过现象看本质，能够运用情感营销理论分析现实问题，培养学生批判性思考的能力。

○ **教学方法**　问题导向、讨论式教学、社会热点问题分析

○ **思政元素**　金融服务于社会、金融从业者的职业道德、诚实守、金融企业的社会责任

○ **教学过程**

线上：中国大学 MOOC+慕课堂

课前，布置学生观看特定视频，并提前查找有关金融品牌情感营销的案例。

线下：课堂教学

1. 导入故事：从周杰伦的一首歌说起——衣食无忧了，什么变得重要

(1) 设计目标：在专业的理论基础之上，选择热点现实问题作为切入点，能够有效地激发学生学习积极性，同时起到引导学生正确认识和分析现实问题的作用。

(2) 问题引导：周杰伦的新歌《说好不哭》上线。仅仅 100 分钟，销售额破 1000 万元，直接挤崩服务器，"90 后"是最大的粉丝群。当然，事后也有网友表示新歌很一般，评价褒贬不一。热情退却后，我们发现，让大家陷入狂热的不是歌曲有多好听，而是情怀。情怀是一种心灵寄托，大众心中总有一片净土，当成情怀来回味。而多年以前的马斯洛早就发现了其中的奥秘，当我们实现了基本的生理和安全需要之后，情感和归属变得更加重要。

(3) 教学活动：通过导入故事引出情感营销的概念。

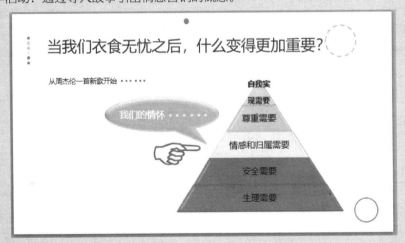

2. 关键概念：情感营销

(1) 设计目标：在通过各个金融品牌情感营销的案例，引出情感营销的概念及其产生的背景。

这是通过"现象+案例+背景"来逐渐引出、自然生成的。

(2) 教学活动：
- 准确定义并解释"情感营销"概念；
- 阐释"情感营销"提出的现实背景和关键。

3. 概念剖析：金融品牌情感营销的关键点

(1) 设计目标：通过阐释金融品牌情感营销的关键点，加上京东金融情感营销的案例，层层递进，让学生去发现和思考京东情感营销的逻辑。

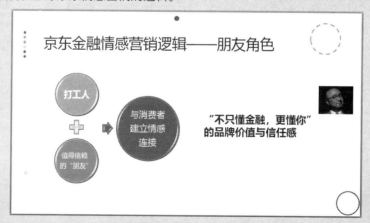

(2) 教学活动：
- 引导学生分析京东情感营销的逻辑；

- 观看京东金条广告，引导学生思考其中的问题；
- 引导学生思考金融广告宣传中的有所为有所不为。

4. 社会问题讨论：金融广告宣传诱导过度消费与过度负债问题

(1) 设计目标：对金融品牌营销的另一面——可能引发"过度消费""过度负债"等社会问题进行反思，培养学生辩证思考能力，鼓励学生课后阅读和思考。

(2) 教学活动：
- 以京东金融为例分析营销宣传中可能引发的社会问题；
- 培养学生全面、辩证分析问题的意识和习惯。

京东集团就京东金融短视频广告事件公开道歉

"没有任何理由，我们完全错了"
"一味地为了追求业绩，迷失了自我，丧失了责任，丢掉了初心"。

5. 课后活动

(1) 阅读：中国人民银行、银保监会、证监会、外汇管理局四部门联合下发的《关于进一步规范金融营销宣传行为的通知》。

(2) 讨论(线上)：结合《关于进一步规范金融营销宣传行为的通知》，就京东金条广告，你想说什么？

课后任务1

阅读：中国人民银行、银保监会、证监会、外汇管理局四部门联合下发的《关于进一步规范金融营销宣传行为的通知》。

讨论（线上）：结合《关于进一步规范金融营销宣传行为的通知》，就京东金条广告，你想说什么？

6. 理论/思政升华

(1) 设计目标：引导学生了解金融企业的社会责任。

(2) 课程思政：引导学生了解金融企业的社会责任，思考金融广告宣传中的有所为有所不为，引导学生对金融监管政策的理解。

6.2 个人理财规划课程思政建设

6.2.1 课程简介和目标

1. 课程简介

个人理财规划是一门随着国民财富的增长，顺应时代需求的课程，是金融专业的限选课，具有突出的综合性和应用性的特点。本课程从个人财产的流动性规划、风险性规划、收益性规划和财富传承规划4个方面全面构筑个人理财规划的内容体系，涵盖了现金规划、消费支出及债务规划、保险规划、投资规划、养老规划和遗产规划等当前个人理财规划各方面的实际需求。通过对本课程的教学，学生能够正确地把握个人理财规划的基本流程、人生不同阶段的理财需求和特点、不同金融工具的运用原理，并以真实案例将理论与实践密切结合在一起，通过项目教学、情景教学培养学生为理财消费者提供个性化及综合化服务的专业技术能力、人际交流能力、团队合作精神。培养学生正确的理财观念，在以后的职业生涯中宣传和传播以风险控制为基础的良好的理财理念。

2. 课程目标

个人理财规划课程为专业限选课程。通过本课程的教学，学生能够达到以下目标。

(1) 知识：学生能够陈述并解释关于个人理财规划、现金规划、养老规划、教育规划、保险规划在市场经济中进行规划的流程，能够编制家庭财务报表并计算各项财务指标；掌握进行基本家庭财务分析的基本知识和理论；能够比较、分析与评价主要的理财规划安排；能够扼要陈述并解释理财市场状况，以及对存在问题进行分析。

(2) 应用：学生能够应用个人理财规划的相关知识，对居民理财方案进行分析，进行规划方案的实际操作；能够应用家庭风险管理的理论与实务知识，为家庭和个人进行综合理财方案的制定和实施。

(3) 整合：学生能够结合其他专业知识整合应用理财规划的基本原理流程进行风险分析、评价，对居民理财规划中的存在的问题提出解决方案并帮助实现理财目标。

(4) 价值：学生能够在居民理财实践活动中理解并遵守相关金融职业道德和规范，履行职业责任。

(5) 情感：学生能够参与协作学习，具有团队合作意识，能够就居民理财规划问题撰写报告，进行成果展示和有效沟通与交流。

(6) 学习：学生能够利用 MOOC、微课等线上学习课程和资源，开展自主学习，提升自主学习能力。

6.2.2 课程特点与思政目标

个人理财规划课程的实践性较强，具有应用性和操作性的特点。一方面，通过本课程的教学，要求学生掌握理财规划的相关理财知识，如风险管理的方法、技术要求，理财规划的基础计算知识等基本概念和基本理论；另一方面，通过本课程的教学，帮助学生树立正确的理财观念，掌握基本的理财技术、计算方法、理财流程(养老规划的流程、现金规划的流程、教育规划的流程)，能够分析个人或家庭面临的风险情况，给出合理的理财方案，并能够制订和执行理财计划；能够正确认识金融风险，分析衡量各类风险，并结合国家政策引导给出防范措施。社会中，金融风险频发，新问题、新事件也层出不穷，金融诈骗时有发生，所以在教学上必须与时俱进，不断更新，需要用身边案例作为警示，提高风险意识。

立足课程的特点，在教学过程中需要解决以下问题：如何用辩证发展的眼光看待个人理财规划课程随社会经济发展的演进，如何科学分析理财规划理论的优势与劣势；如何认识和分析社会经济生活中金融事件和层出不穷的新问题、新现象，引导学生做出理性回应和行动；面对消费者在社会经济领域的金融实践问题，养老问题已经成为当前消费者迫切关心的问题，如何理解其中的国家解决方案；如何培养学生的技能和职业素质与精神，成为一个合格的金融从业人员，等等。为此，个人理财规划课程确定了开展思政教育的4个切入点：社会主义核心价值观、风险意识与诚实守信、企业责任与社会道德、勇于实践与创新精神，并且将这4个切入点具体化为13个思政元素，具体情况如表6-4所示。

表6-4 个人理财规划课程思政教育切入点和思政元素

思政教育切入点	思政元素
社会主义核心价值观	爱岗敬业
	正确消费观
风险意识与诚实守信	金融伦理
	专业技能
企业责任与社会道德	国家情怀
	职业素养
	政策认同
	实事求是
	守正创新
勇于实践与创新精神	实践检验
	诚实守信
	优质服务
	创新奋进

由此，个人理财规划课程思政教育的三大目标确立为：首先，培养学生爱岗敬业、诚实守信、责任担当、创新奋进的职业精神和素养；其次，增强学生对国家各类金融工具的认识和社会保障政策的理解和认同；再次，树立学生中国特色社会主义制度自信，激发学生的爱国情怀。个人理财规划课程思政目标为专业思政目标(培养兼具专业知识与人文素养、兼具国际视野与家国情怀、兼具职业精神与社会责任感的高水平应用型人才，成为支撑新金融战略发展、提供为数字经济服务的金融行业骨干)提供有力的支撑。

6.2.3 课程思政教学实施路径

1. 课程内容的思政元素

根据教学目标覆盖"知识+能力+价值塑造"的要求，我们立足个人理财规划课程的特点和思政元素，对教学内容进行了优化重塑，构建了"知识探究—能力培养—价值塑造"三位一体的教学内容体系。具体来说，教学内容按照"基础知识—理论—实务—政策—现实与热点"的逻辑框架展开，梳理出每章的思政内容或案例及思政元素(见表6-5)，以便主讲教师有的放矢地开展思政教学。

表6-5 个人理财规划课程的思政内容或案例及思政元素

章	节	思政内容或者案例	思政元素
第1章	理财规划概念	理财规划的行业概念的讲解，穿插一个生活案例——银行理财经理坑害客户的案例	职业素养，优质服务
		区分理财规划和投资，强调差别，强调没有风险保障的理财规划都是无本之木	风险意识，职业素养
第2章	单利复利	对银行业现有利率的单利复利的计算检验	实践检验，实事求是
	年金终止现值	年金终止和现值实践应用	职业素养，优质服务
	个人所得税	税收优惠政策	遵纪守法，合理避税
第3章	家庭财务报表指标计算	家庭财务指标的计算和应用	客观科学，职业素养
第4章	现金规划的流程	组织学生进行小组合作交流学习，讨论现金流的日常管理情况，组织"月光族"(原因、利弊、危害等内容)的讨论	引导学生树立正确的消费观念，不虚荣不攀比，量入为出
第5章	购房规划的流程	分析当前的购房政策，"房子是用来住的"国家理念	家国情怀，政策认同
第6章	教育规划流程	通过让学生调查高等教育生费及学费情况，展开讨论	家庭的社会责任，风险意识
第7章 保险规划	重大疾病保险	市场产品分析	防患于未然，职业素养
	年金保险	市场养老年金产品分析	优质服务，风险防范

(续表)

章	节	思政内容或者案例	思政元素
第8章 养老规划	养老规划概念及意义	我国养老保险保障体系构成	家国情怀
	养老金三支柱体系	个人养老金制度的解读	政策认同
	养老规划的流程	标注普尔资产配置图阐述	勇于实践，科学合理

2. 学习活动和教学活动

在教学过程中，灵活使用多种学习活动和教学活动，让思政教育有温度、有热情、有深度。采用案例教学和情景教学，植入思政案例和情景，让学生更有代入感，更易引起情感共鸣；实施协作学习，组织讨论交流，创造和谐的师生互动、生生互动的氛围，让情感越辩越浓烈，让道理越辩越清晰；通过让学生参加制作保险计划书的实践活动，感性认识职业素养和职业精神；通过让学生参与撰写理财规划综合报告，深入探究现实中的专业技能问题，理解个人金融服务实践的工作内容。

3. 思政教育的考核方式

立足 OBE 成果导向教育理念，个人理财规划课程遵循以下原则进行考核：①过程性考核与终结性考核相结合；②线上考核与线下考核相结合；③知识考核、能力考核和价值考核并重。

在思政教育考核方面，特别强调学生能够做到诚信守时，按时上课，原创性完成各项作业或任务，能够在个人理财规划实践活动中理解并遵守相关金融职业道德和规范。具体考核方式及内容如表 6-6 所示。

表 6-6　个人理财规划课程考核方式及内容

考核方式		考核内容	所属章（单元）	相应权重	占比（合计100%）	课程目标					
						知识	应用	整合	情感	价值	学习
过程性考核	出勤	考核学生的学习态度和学校规则的遵守	全部	10%	70%	√			√	√	√
	作业	考核学生对个人理财规划基础知识、基本理论的识记、理解	二、四、六	15%		√	√	√			√
	读书笔记	考核学生对个人理财领域的现状与趋势，以及对热点问题的把握；考核学生对金融市场的热点问题和国家相关法律法规的理解	全部	15%		√			√	√	
	保险计划书	考核学生对保险营销的分析能力，能够全面分析客户家庭风险管理的情况，制订保险计划书；考核学生自主学习、合作学习与沟通交流的能力	一、六	30%		√	√	√	√	√	

(续表)

考核方式	考核内容	所属章(单元)	相应权重	占比(合计100%)	课程目标					
					知识	应用	整合	情感	价值	学习
过程性考核	家庭理财规划报告	三、九	30%	70%(续)	√	√	√	√	√	√
	小计		100%							
终结性考核	期末考试	一、二、三、四、五、六、七、八、九	100%	30%	√	√	√		√	√

6.2.4 课程思政教学设计

个人理财规划课程思政教学设计范例如下。

个人理财规划课程思政教学设计范例

○ **教学内容** 养老规划

○ **教学背景**

随着我国老龄化进程的加速，第七次人口普查的结果显示，我国 60 周岁及以上老年人口的比重达到 18.7%，65 周岁及以上老年人口的比重达到 13.50%。可见，我国已经步入中度老龄化国家的行列。近年来，关于延迟退休的讨论，个人养老金制度的推行等养老问题日益成为人们关注的热点。我们的社会保障体系中关于养老的内容有哪些？依靠社会养老保险，是否能够体面地过好退休生活？如何做安排退休生活所需资金问题？个人养老金制度是否需要参与？如何回答这些问题，养老规划成为我们每一个人不可回避的内容。

○ **教学目标**

1. 知识目标

(1) 了解我国社会保障体系的主要内容。

(2) 理解养老规划的概念及其重要意义。

(3) 掌握养老规划的流程和实践操作。

2. 能力目标

(1) 通过环环相扣的教学问题，循序渐进推进教学过程，训练学生的逻辑思维能力。

(2) 能够应用养老规划的流程进行个人养老规划的实践分析，引导学生掌握提供金融服务需要掌握的是金融市场产品信息，透过现象看本质，培养学生辩证思考和批判思考的能力。

○ **教学方法** 场景模拟、问题导向、历史追溯、启发互动、社会热点问题分析

○ **思政元素**

养老敬老是中华民族传统的美德，世人都会老，老年生活问题是每个人都会面临的问题，需要全社会共同努力。将中国传统文化融入课程思政的关键点在于知行合一，即道德需要落实在个人身

心实践上，最终的指向是要成为什么样的人，怎样做人，防止出现空对空、两张皮。

○ **教学过程**

课前：引入新闻事件，如《关于延迟退休引发的社会大讨论》，提出为什么要延迟退休，消费的观点有哪些，专家学者的观点又是什么，从而引入我国现在的退休养老制度的内容。

1. **课堂教学**

导入：1994 年世界银行出版的《防止老龄危机——保护老年人及促进增长的政策》中首次提出养老金制度模式。第一支柱是国家层面的基本养老保险，具有强制性，旨在保障老年人基本生活；第二支柱是企业雇主发起的职业养老金计划，定位是"补充养老"及"雇员福利"；第三支柱是个人或家庭自主自愿参与的养老储蓄计划，政府提供税收激励。

(1) 设计目标：在社会发展的理论基础之上，选择热点现实问题作为切入点，能够有效地激发学生学习的积极性，同时起到引导学生正确认识和分析现实问题的作用。

(2) 问题引导：我国的三支柱体系的发展现状如何？

(3) 教学活动：通过导入事件及分析我国的现状，引出养老规划的概念。

2. **关键概念：养老规划**

(1) 设计目标：在事件的引导下，通过设问的方式，引出养老规划的概念及重要性分析。如此一来，这个概念就不是教师从外部硬性植入的，而是学生在分析社会发展、分析我国国情的过程中自然生成的。

(2) 教学活动：

- 准确定义并解释"养老规划"的概念；
- 简单讲解养老规划提出的现实背景。

3. **概念剖析：我国养老金保障体系和家庭结构的现状**

(1) 设计目标：通过阐述我国现在养老金体系的构成，在比较中推演出我国目前养老金构成中的长项和短板，通过和发达国家的比较，推演养老规划的必要性。

(2) 教学活动：

- 引导学生从目前养老保障体系构成和家庭结构现象中思考并推演养老规划的必要性，引导学生讨论养老成本的覆盖面，老龄对养老的更多需求问题；
- 了解目前主要的家庭结构；

- 从生命周期理论角度阐述养老规划的必要性；

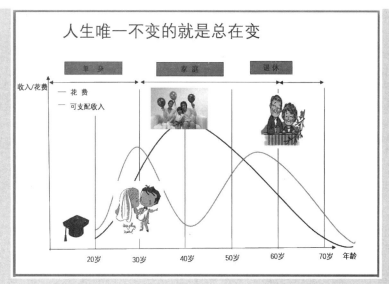

- 引导学生根据标准普尔资产配置图制定养老规划，其是家庭资产配置不可或缺的内容。

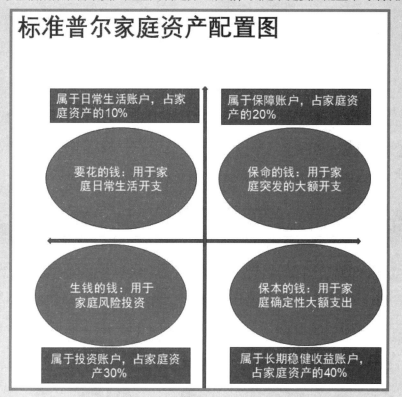

4. 社会问题讨论：个人养老金制度是否需要参与

(1) 设计目标：个人养老金制度运行中税收优惠的问题讨论，在什么情况下消费者能够享受税收优惠，培养学生的辩证思考能力，鼓励学生课后阅读和思考。

(2) 教学活动：

- 个人所得税，按照超额累进方式进行计算，依据个人养老金制度规定，划拨到个人养老金账户上的资金可以税前列支，将来领取个人养老金账户上的资金时，按照3%缴纳个人所得税，引导学生分析什么样的情况下才能享受税收优惠；

- 培养学生全面、辩证分析问题的意识和习惯。

5. 理论/思政升华

(1) 设计目标：加强对我国社会保障制度的阐述及个人养老金制度的推出背景介绍。

(2) 课程思政：介绍国家的保障制度；同时，培塑学生家国情怀，鼓励其承担起自己对未来和对家庭的责任。

6.3 中小企业金融服务课程思政建设

6.3.1 课程简介和目标

1. 课程简介

中小企业金融服务课程为专业选修课程，主要介绍商业银行、政策性银行、小额贷款公司、创投机构、典当行、担保机构、债券市场、股票市场、互联网融资机构及融资租赁和资产评估等其他机构的中小企业金融服务的主要内容、特点、流程等基本知识，以及中小企业投融资的发展现状与趋势。通过本门课程的教学，学生能够陈述这些基本知识点；能够比较、分析与评价各类中小企业金融服务机构业务的特点、优势与差异；能够扼要陈述并解释中小企业投融资的发展现状与趋势；能够应用各类中小企业金融服务机构的主要业务知识，对不同类型中小企业的融资需求进行分析，选择合适的融资渠道和方式；能够应用融资风险管理的理论与实务知识，为各类中小企业金融服务机构设计科学的融资风险管理方案；能够结合其他课程的专业知识，整合应用中小企业金融服务的基本原理和业务模式，结合不同行业、不同生命周期、不同商业模式、不同资本结构的中小企业自身特点，为某个企业量身定制合适的融资方式；能够在中小企业金融服务实践活动中理解并遵守相关金融职业道德和规范，履行岗位职责和社会责任；能够参与协作学习，具有团队合作意识；能够就中小企业金融服务撰写融资方案或案例分析报告，进行成果展示和有效沟通与交流；能够利用 MOOC、微课等线上学习课程和资源，开展自主学习，提升自主学习能力。

2. 课程目标

通过对中小企业金融服务课程的学习，学生能够达到以下目标。

(1) 知识：学生能够陈述并解释商业银行的中小企业金融服务、政策性银行的中小企业金融服务、小额贷款公司的中小企业金融服务、创投机构的中小企业金融服务、典当行的中小企业金融服务、担保机构的中小企业金融服务、债券市场的中小企业金融服务、股票市场的中小企业金融服务、互联网融资机构的中小企业金融服务，以及融资租赁和资产评估等其他机构的中小企业金融服务的基本知识；能够比较、分析与评价各类中小企业金融服务机构业务的特点、优势与差异；能够扼要陈述并解释中小企业投融资的发展现状与趋势。

(2) 应用：学生能够应用各类中小企业金融服务机构的主要业务知识，对不同类型中小企业的融资需求进行分析，选择合适的融资渠道和方式；能够应用融资风险管理的理论与实务知识，为各类中小企业金融服务机构设计科学的融资风险管理方案。

(3) 整合：学生能够结合其他课程的专业知识，整合应用中小企业金融服务的基本原理和业务模式，结合不同行业、不同生命周期、不同商业模式、不同资本结构的中小企业自身特点，为某个企业量身定制合适的融资方式。

(4) 价值：学生能够在中小企业金融服务实践活动中理解并遵守相关金融职业道德和规范，履行岗位职责和社会责任。

(5) 情感：学生能够参与协作学习，具有团队合作意识，能够就中小企业金融服务撰写融资方案或案例分析报告，进行成果展示和有效沟通与交流。

(6) 学习：学生能够利用 MOOC、微课等线上学习课程和资源，开展自主学习，提升自主学习能力。

6.3.2 课程特点与思政目标

中小企业金融服务课程具有较强的理论性、应用性和时代性。一方面，通过本门课的学习，要求学生掌握必要的中小企业金融服务基础理论知识，如关于直接融资、间接融资、融资融券、典当、区域性股权转让融资等方面的基本概念和基本理论；另一方面，通过本门课的学习，培养学生运用中小企业金融相关理论正确观察和分析中小企业融资难、融资贵的现实问题，并且要求学生初步利用所学理论和相关知识为中小企业融资纾困献计献策；同时，在现实经济生活中，金融科技的不断进步促使更多金融产品和金融服务的产生，中小企业融资市场上的新现象、新问题、新事件层出不穷，所以在教学内容上必须与时俱进，不断更新。

立足课程的特点，在教学过程中需要解决以下问题：如何用辩证发展的眼光看待不同金融机构为中小企业提供的金融服务，如何科学利用相关理论帮助中小企业选择最优的金融服务；如何辩证看待金融机构与中小企业之间的关系，如何引导学生树立爱国、敬业、诚信、友善的社会主义核心价值观，如何培养学生在打造过硬的专业技能的同时兼具金融职业道德精神，成为一个负责任、有担当的金融从业人员，等等，为此，中小企业金融服务课程确定了开展思政教育的 4 个切入点：社会主义核心价值观、传统美德、习近平新时代中国特色社会主义思想核心内容、职业精神，并且将这 4 个切入点具体化为 13 个思政元素，具体情况如表 6-7 所示。

表 6-7 中小企业金融服务课程思政教育切入点和思政元素

思政教育切入点	思政元素
社会主义核心价值观	敬业
	诚信

(续表)

思政教育切入点	思政元素
传统美德	见利思义
	仁爱
习近平新时代中国特色社会主义思想核心内容	"四个意识""四个自信""两个维护"
	全面深化改革
	共同富裕
	中国式现代化
	高质量发展
职业精神	社会责任
	遵纪守法
	契约精神
	廉洁自律

由此,中小企业金融服务课程思政教育的三大目标确立为:首先,结合典型中小企业金融服务案例分析使学生进一步理解习近平新时代中国特色社会主义思想核心内容;其次,培养学生树立和践行敬业、诚信在内的社会主义核心价值观;最后,在培养学生专业技能的同时兼具遵纪守法、创新、承担社会责任的职业精神。中小企业金融服务课程思政目标为专业思政目标(培养兼具专业知识与人文素养、兼具国际视野与家国情怀、兼具职业精神与社会责任感的高水平应用型人才,为支撑新金融战略的发展提供行业骨干)提供有力的支撑。

6.3.3 课程思政教学实施路径

1. 课程内容的思政元素

根据教学目标覆盖"知识+能力+价值塑造"的要求,我们立足中小企业金融服务课程的特点和思政元素,对教学内容进行了优化重塑,构建了"知识探究—能力培养—价值塑造"三位一体的教学内容体系。具体来说,教学内容按照"基础知识—理论—实务—政策—现实与热点"的逻辑框架展开,梳理出每章的思政内容或案例及思政元素(见表6-8),以便主讲教师有的放矢地开展思政教学。

表6-8 中小企业金融服务课程的思政内容或案例及思政元素

章	思政内容或案例	思政元素
第1章 中小企业金融服务概述	1. 中小企业金融服务课程与金融学科的关系; 2. 中小企业金融服务发展环境; 3. 中小企业金融服务发展现状; 4. 学习中小企业金融服务	通过拓展阅读和典型案例分析培养学生的人生观、价值观、消费理念、环保意识、制度自信、创业精神、风险意识及对惠民政策、国家发展、国家关怀的认识

(续表)

章	思政内容或案例	思政元素
第2章 商业银行的中小企业金融服务	1. 商业银行中小企业金融服务的类型； 2. 商业银行开展中小企业金融服务的现状及原因； 3. 不同的商业银行开展中小企业金融服务的差异； 4. 商业银行的新兴金融服务； 5. 典型案例分析	创新精神是一个国家和民族发展的不竭动力，通过介绍商业银行新兴金融服务，启发培养学生的创新精神，提高学生的金融素养
第3章 政策性银行的中小企业金融服务	1. 政策性银行中小企业金融服务的类型； 2. 农业发展银行的中小企业金融服务； 3. 国家开发银行的中小企业金融服务； 4. 农业发展银行的中小企业金融服务； 5. 典型案例分析	政策性金融必须充分发挥作用，践行国家高质量发展要求，助推中小企业发展；政策性银行必须增强"四个意识"、坚定"四个自信"、做到"两个维护"，当好"三个表率"
第4章 小额贷款公司的中小企业金融服务	1. 小额贷款公司中小企业金融服务的类型； 2. 传统小额贷款公司的中小企业金融服务； 3. 网络小额贷款公司的中小企业金融服务； 4. 典型案例分析	小额贷款公司在科技转型的过程中必须坚持依法合规经营，坚持科技金融的本质是金融，更好地让金融支持实体经济和中小企业发展
第5章 创投机构的中小企业金融服务	1. 天使投资和风险投资的概念； 2. 创投机构中小企业金融服务的内容与特点； 3. 内资创投机构的金融服务； 4. 外国独资或合资创投机构的金融服务； 5. 经典案例分析	习近平总书记强调，企业家创新活动是推动企业创新发展的关键；中小企业科技成果转化高度依赖创投资本，改革开放的这一历史举措，加强了国际合作交流，为科技型中小企业发展增添了活力，借助经典案例分析，增强学生的道路自信、理论自信、制度自信、文化自信
第6章 典当企业的中小企业金融服务	1. 典当企业中小企业金融服务的类型与特点； 2. 中小微企业典当融资； 3. 其他典当融资业务； 4. 典型案例分析	典当行业自古有之，引导学生利用唯物史观的基本观点看待典当行业的发展，通过对现代典当行业的介绍及案例分析，培养学生的契约精神
第7章 担保机构的中小企业金融服务	1. 担保机构中小企业金融服务的内容与特点； 2. 银行流动资金贷款担保； 3. 银行固定资产投资贷款担保； 4. 银行票据担保； 5. 信用证担保； 6. 出口押汇担保； 7. 微金融	担保机构行业风险高，常常面临道德风险、操作风险和代偿风险等；作为担保机构金融从业人员，要具有社会责任，杜绝为中小企业提供违规担保的行为，培养学生见利思义品质

(续表)

章	思政内容或案例	思政元素
第8章 债券市场的中小企业金融服务	1. 债券市场中小企业金融服务的类型及特点； 2. 我国债券市场现状与主要企业债券； 3. 企业债券发行的相关规定； 4. 企业债券发行的工作流程； 5. 短期融资券及中期票据融资	通过拓展阅读和典型案例分析培养学生的创新意识、和谐发展观及对金融机构的生命线、多方博弈主体间信任修复等问题的认识
第9章 股票市场的中小企业金融服务	1. 股票市场中小企业金融服务的内容与特点； 2. 上市融资； 3. 中小板与创业板融资； 4. 新三板融资； 5. 区域性股权转让市场融资	通过拓展阅读和典型案例分析培养学生的道路自信、改革精神、社会责任、风险意识、探索精神、担当意识、企业家精神及对科技创新、理性投资、国家战略、共同富裕等问题的认识
第10章 其他机构的中小企业金融服务	1. 传统中介机构的金融服务； 2. 转贷通公司的融资服务； 3. 金融科技公司的融资服务； 4. 典型案例分析	通过拓展阅读和典型案例分析培养学生的风险意识、守法意识及对政府担当、社会责任与加强投资者教育等问题的认识

2. 学习活动和教学活动

在教学过程中，灵活组织多种学习活动和教学活动，让思政教育有温度、有热情、有深度。采用案例教学和情景教学，植入思政案例和情景，让学生更有代入感，更易引起情感共鸣；实施协作学习，组织讨论交流，创造和谐的师生互动、生生互动的氛围，让情感越辩越浓烈，让道理越辩越清晰；通过让学生分组展示案例分析，培养学生团队协作、分析问题、解决问题的能力；通过让学生参与撰写课程论文，培养学生独立思考、深入探究现实问题的能力。

3. 思政教育的考核方式

立足 OBE 成果导向教育理念，中小企业金融服务课程遵循以下原则进行考核：①过程性考核与终结性考核相结合；②知识考核、能力考核和价值考核并重。

在思政教育考核方面，特别强调学生能够做到诚信守时，按时上课，原创性完成各项作业或任务，在中小企业金融服务岗位实习中遵守相关金融职业道德和规范。具体考核方式及内容如表 6-9 所示。

表 6-9 中小企业金融服务课程考核方式及内容

考核方式		考核内容	所属章（单元）	相应权重	占比（合计100%）	课程目标					
						1	2	3	4	5	6
过程性考核	作业	考核学生对于中小企业金融服务基础知识、基本理论与基本政策的识记、理解、分析与评价	一、二、五、七、八、九、十	15%	70%	√					

(续表)

考核方式		考核内容	所属章(单元)	相应权重	占比(合计100%)	课程目标 1	2	3	4	5	6
过程性考核	读书笔记分享与交流	考核学生对中小企业金融服务领域的现状与趋势，以及对热点问题的把握	二、三、四、五、六、七、八、九、十	10%	70%(续)					√	√
	研究报告(围绕现实中关于中小企业金融服务的政策进行分析与研究)	考核学生对中小企业金融服务现实问题的分析与评价的能力；考核学生自主学习、合作学习的能力	二、五、八、九、十	25%				√		√	√
	案例分析(典型的中小企业金融服务案例分析，内容上要求涉及中小企业金融服务实践中应遵守的职业道德)	考核学生应用中小企业金融服务理论和实务基本技能的能力；考核学生的实践操作能力及其对相关职业道德的理解	二、五、八、九、十	25%				√	√	√	
	课堂展示	考核学生对研究报告、案例分析等成果的课堂展示、语言表达、回答问题等综合能力	二、三、四、五、六、七、八、九、十	25%			√			√	
	小计			100%							
终结性考核	期末考试	考核学生对于中小企业金融服务基本概念、基本理论、基本技能与政策的综合应用	一、二、三、四、五、六、七、八、九、十	100%	30%	√	√	√			

6.3.4 课程思政教学设计

中小企业金融服务课程思政教学设计范例如下。

中小企业金融服务课程思政教学设计范例

○ **教学内容**　北交所的设立
○ **教学背景**
　　融资难、融资贵是长期制约中小企业发展的难题。新冠疫情期间，经济发展放缓，中小企业融资难、融资贵的问题更加突出。改革开放以来，伴随资本市场的快速发展，我国已经进入全面建设社会主义现代化的新发展阶段，要以创新驱动经济的高质量发展。这要求我们加大培育科研力量并提高科技成果转化效率。
○ **教学目标**
　1. 知识目标
　(1) 北交所服务的对象主体及特征。
　(2) 北交所设立的背景、目的、作用及意义。
　2. 能力目标
　(1) 通过环环相扣的教学问题，循序渐进推进教学过程，训练学生的逻辑思维能力。

(2) 能够运用相关知识对北交所的设立进行案例分析，培养学生独立思考和团队合作的能力，引导学生关心国家的政策方针和金融热点问题，增强学生的道路自信、理论自信、制度自信、文化自信。

○ **教学方法**　场景模拟、问题导向、启发互动、社会热点问题分析
○ **思政元素**

"四个自信"是习近平新时代中国特色社会主义思想的重要内容，是以习近平同志为核心的党中央治国理政的重要理论创新成果。道路自信是对中国特色社会主义道路发展方向和未来命运的自信；理论自信是对中国特色社会主义理论体系的科学性、真理性、正确性的自信；制度自信是对中国特色社会主义制度先进性和优越性的自信；文化自信是对中国自身文化价值和文化生命力的自信。本单元的思政元素体现在"四个自信"上。

○ **教学过程**

线上：学习蓝墨云班课上的文献资料并撰写读书笔记

课前，学生阅读蓝墨云班课上的文献资料。

北交所的定位及未来

陈洁

证券交易所是市场经济体制中证券市场的典型组织形态。在我国沪深证券交易所并驾齐驱、各领风骚30年之际，北京证券交易所（以下简称"北交所"）肩负服务中小企业创新发展、深化新三板改革的重要使命闪亮登场。作为我国第一家公司制证券交易所，且旨在打造服务创新型中小企业的新主阵地，北交所的设立是我国资本市场具有里程碑意义的事件。它不仅是我国资本市场向全球释放的深化改革的积极信号，更是在我国深化金融供给侧结构性改革背景下，积极实施国家创新驱动发展战略、持续培育发展新动能的重要举措。在北交所扬帆起航、我国证券交易所三足鼎立格局形成之时，准确把握北交所特殊的定位功能，科学厘清其支持中小企业创新发展的理论与实践逻辑，是建立健全我国多层次资本市场体系，使其更好地服务于实体经济的一个重要且紧迫的课题。

证券交易所、全国性的证券交易场所和区域性股权市场三个层次。全球证券交易所的发展历程以及我国沪深交易所的监管实践表明，证券交易所与其他层次市场的根本区别，不在于其提供交易场所或者设施的基本经济功能，而在于其严格的设立条件、特定的自律监管职责以及在政府监督方面的特殊制度安排。北交所作为证券交易所的法律属性也在上述诸方面得以体现。

其一，设立条件。我国立法明确规定了证券交易所的设立条件和审批机关。北交所是由国务院代表国家批准成立的，其设立、变更和解散也均由国务院决定。北交所受中国证监会的直接监督管理，中国证监会不但对其业务、人事、财务、行政等各个方面进行管理，其高级管理人员也由中国证监会直接选任。

其二，发行方式。鉴于证券公开发行的涉众性，基于保护投资者的宗旨，

其三，交易方式。我国《证券法》规定了证券在证券交易所上市交易，应当采用公开的集中交易方式或者国务院证券监督管理机构批准的其他方式。所谓集中竞价交易，是指多个卖方与多个买方在同一集中市场，对同一交易标的物采取竞争出价的方式成就交易。证券交易所采取连续竞价方式交易；而在其他证券交易场所，由于采取非公开发行方式，投资者数量较少，就无法实现在交易过程中的连续竞价，而只能是集合竞价交易。北交所实施以连续竞价为核心的交易制度，同时，为寻求制度创新，北交所还为引入做市商机制、实行混合交易预留了制度空间。

其四，政府监管。北交所作为证券交易所，必须遵守交易所的法定要求并接受证监会的直接监管。证监会对证券交易所的监督是全方位的。除对证券交易所设立条件和审批程序的事前监督外，证监会要对

线下：课堂教学

1. 导入故事：北交所已年满"周岁"，成绩单如何

(1) 设计目标：在专业的理论基础之上，选择热点现实问题作为切入点，能够有效地激发学生学习积极性，同时引导学生正确认识和分析现实问题。

(2) 问题引导：北交所作为"专精特新"的代表，成立以来的成果如何？

(3) 教学活动：通过设置问题，激发学生好奇心，引入北交所的设立。

2. 关键概念：北交所、专精特新、高质量发展

(1) 设计目标：通过设问的方式，引出北交所的概念及其诞生的背景。

(2) 教学活动：

- 介绍北交所设立的时间、背景、目的及意义；
- 罗列北交所成立后，中小企业成功融资案例并引导学生进行分析。

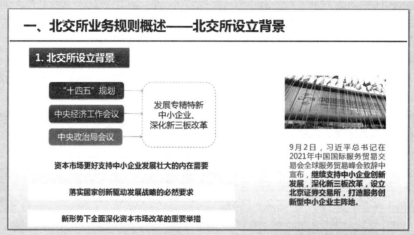

3. 北交所发行上市

(1) 设计目标：了解北交所发行上市的规则、条件、募集资金管理、股权变动管理、上市保荐和持续督导等相关内容。

(2) 教学活动：

- 介绍北交所上市规则；
- 介绍北交所融资品种及投资者门槛等相关内容；
- 引导学生从中小企业和投资者不同角度分析其中的优势；
- 引导学生理解上市规则的必要性。

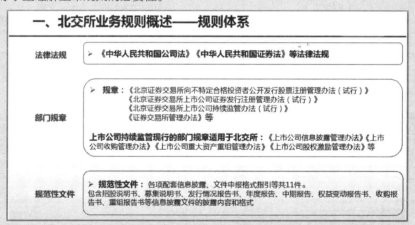

4. 讨论：从北交所成立以来的成果看北交所成立的意义

(1) 设计目标：总结北交所成立以来所取得的成果，并对未来进行展望，培养学生独立思考的能力，鼓励交流讨论。

(2) 教学活动：

- 总结北交所取得的成果；
- 培养学生全面、辩证分析问题的意识和习惯。

5. 理论/思政升华

(1) 设计目标：引入"四个自信"对北交所的成立进行分析。

(2) 课程思政：北交所的成立是我国资本市场的里程碑，通过对北交所设立的深入学习，不仅让学生了解到证券市场对中小企业融资纾困解难的作用，更要增强学生的道路自信、理论自信、制度自信、文化自信。

6.4 金融业务综合实践课程思政建设

6.4.1 课程简介和目标

1. 课程简介

金融业务综合实践课程是金融专业的课内实践课程,是金融专业课程群建设中的一环,以金融学、证券投资学、商业银行业务与经营、保险学等理论课程为基础,以金融专业课内实践内容为依托,一方面巩固学生对银行、证券、保险、理财等基础理论知识的掌握,另一方面增强学生的实践应用能力,提高学生解决实际问题的能力及创新能力,使学生具有较高的专业理论素质和实践应用能力,为后续的专业综合实践、毕业实习、毕业论文打下基础。

本课程综合运用讲授、小组同伴教学、讨论教学、案例教学、模拟实践教学等多种教学方法,使学生具备有关金融领域的热点追踪、理论应用和解决问题和分析的能力,具有金融综合服务的应用技能,具有国际视野,熟悉金融综合服务环境,理解职业责任的重要性,明晰职业道德标准。

2. 课程目标

金融业务综合实践课程为专业必修课。通过本课程的教学,学生能够达到以下目标。

(1) 知识:学生能够理解金融业务的基础知识,熟知其相关的运作原理,具有基本金融实践能力。

(2) 应用:学生能够在商业银行业务运作、保险规划、金融数据分析、个人理财等方面,具备岗位所需的基本实践技能、客户开拓能力和团队协作能力。

(3) 整合:学生能够运用专业知识,在个人金融服务或中小企业金融服务领域,为客户设计相关金融服务方案。

(4) 情感:学生能依靠团队协作完成任务,实现良好的人际交流与沟通;同时,学生能够明确定位在团队中的角色,并发挥作用。

(5) 价值:学生在实践中,自觉树立良好的敬业精神和职业道德;在金融实践活动中理解并遵守相关金融职业道德和规范。

(6) 学习:学生能够充分利用 MOOC、微课等线上学习资源和图书馆资源,依靠任务驱动,主动进行自主学习,获得新知识、新技能。

6.4.2 课程特点与思政目标

金融业务综合实践课程具有较强的实践性、应用性和趋势性。本门课程重点培养学生的金融业务综合实践的运用能力,并在完成课程任务的过程中进一步提高分析问题和解决问题的能力。在课程设置环节中,课程模块以"专业学生在实践和应用能力上的提高"这一目标为出发点，以小组学习作为主要学习方式，以课程项目为导向，完成模块报告。每个模块的课程报告以前期对应的理论课程为基础，以真实案例和社会实践为依托，将理论与实际相结合，引导学生自主学习，并将模块报告作为依据，用以支持能力点测试报告中的指标检测。

课程模块设计以行业发展为导引，以实践能力为主线，模块项目以专业人才能力需求和行业标准进行知识体系搭建，突出金融专业特色，在每个项目模块中嵌入金融服务行业的人才核心需求能力。课程模块有效弥补理论课程在实践能力培养上的不足，并且使学生能够在自主完成课程理论知识学习的基础上，结合行业标准建立准确的自我认知评价，进一步通过提高项目任务的难度增加挑战性，培养学生的创新能力和解决问题的能力。在模块学习内容设置上，课程团队结合社会需求的变化和经济形势的发展，进行动态调整，不断升级优化学生的自身知识储备体系。

本课程重点支持的专业思政目标可以进一步细化为"社会主义核心价值观""思辨与探索""微观经济实体的风险管理"和"金融伦理与从业人员的职业道德"，模块任务目标以金融行业人员的职业素质要求为依据，切实匹配用人单位需求与学生职业能力培养，课程考核对标行业相关服务要求，使学生在学习和任务完成的过程中深入理解金融从业人员的社会责任与服务精神，并且将这4个切入点具体化为12个思政元素，如表6-10所示。

从表6-10中可以看到，金融业务综合实践课程思政教育的四大目标确立为：第一，培养学生爱岗敬业、富强民主的社会主义核心价值观；第二，在课程实践过程中培养学生的批判性思维及推理演绎能力；第三，在金融产品组合的选择与场景模拟的过程中，增强学生对金融机构的风险管理重要性的认识；第四，在课程任务驱动下加深对从业标准的认知，从而培养恪守职业道德、诚实守信的职业素养，以及过硬的专业素质。

表6-10 金融业务综合实践课程思政教育切入点和思政元素

思政教育切入点	思政元素
社会主义核心价值观	爱岗敬业
	富强民主
思辨与探索	批判性思维
	推理演绎
微观经济实体的风险管理	中国成就
	道路自信
	风险管理
	实事求是
	科学决策
金融伦理与从业人员的职业道德	诚实守信
	工匠精神
	数据思维

6.4.3 课程思政教学实施路径

1. 课程内容的思政元素

金融业务综合实践课程以课内实践为主,在教学过程中动态对标行业标准,提升实践教学的挑战度与实用性。本课程以培养学生的实践应用能力为主线,深度融合行业资源,构建"课内实践—行业专家参与—后期集中实践反馈"的三级实践教学体系,在教学过程中,团队成员初步形成课内实验指导书,并不断深化调整,切实提升本课程的应用性和综合性。

依据以上指导思想,每个模块的任务都以前期对应的理论课程为基础,以真实案例和课内实践为依托,将理论与实践相结合,引导学生自主学习与自发思考,实现"做中学"与"学中做"。针对当下经济形势复杂多变的情况,课程教学内容结合行业实际需求,优化课程知识结构,动态设计教学模块,并结合行业发展形势不断更新和调整,通过加强校企合作、产教融合,动态开放教学内容,真正实现学有所用、学出所长。

教学内容围绕实现"顶天立地"的理论衔接实践的课程建设目标,思政融入和课程实践内容之间的对应关系如表6-11所示。

表6-11 金融业务综合实践课程思政融入和课程实践内容之间的对应关系

课程模块	实践内容	思政知识点	思政元素
经济信息搜集与处理	行业发展或微观个体经济数据的搜集	实际数据呈现的行业发展趋势或微观个体经济状况的改善	数据思维,中国成就
	数据分析方法与软件在实际经济问题中的结合运用	从实际经济问题到数据分析问题,再到结论的研究过程	数据思维,推理演绎
	数据分析报告的撰写	数据分析报告提供决策支持,有效避免情绪化决策	实事求是,批判性思维,科学决策
金融市场交易	股票投资实践	构建投资组合有效前沿	推理演绎,风险管理
	固定收益证券投资实践	构建固定收益投资组合策略	风险管理,科学决策
	金融衍生产品投资实践	设计套期保值、套利交易方案	风险管理,科学决策
公司金融服务	传统公司金融授信方案优化	授信报告的风险揭示和方案优化	风险管理,职业素养,诚实守信
	结构化投资案例分析实践	结构化投资的合理设计与风险管理	风险管理,科学决策
公司金融服务	综合金融服务方案撰写	综合服务方案对客户需求的适用性	金融服务实体经济的社会责任,职业素养
零售金融服务	家庭财富供给与需求匹配分析	拟定人生目标的重要意义	实事求是,科学决策

(续表)

课程模块	实践内容	思政知识点	思政元素
零售金融服务	家庭财富管理项目的可行性分析	居民消费需求变化和生活水平提高	中国成就，数据思维
	仿真生涯的养老规划可行性分析	养老金融发展	富强民主，科学决策
	家庭投资组合的可行性分析	我国金融市场及产品发展趋势	风险管理，科学决策，金融从业人员道德

2. 学习活动和教学活动

课程将专业实践的能力检测点内化到4个模块的任务中，根据金融专业的学生特征、工作意向及专业建设特色，将金融交易、公司金融服务、零售金融服务融入课内实践，并将学生的学术素养作为模块一的培养重点，夯实实践课程的学习基础。

通过项目式导向教学方法，课程能够有效提高学生知识整合能力、应用能力及团队合作能力，提升其专业自信及职业自律精神，并在项目完成过程中实现职业道德和职业素质教育，正确认识理论知识建设和职业生涯规划的关系。

3. 思政教育的考核方式

立足OBE成果导向教育理念，金融业务综合实践课程遵循以下原则进行考核：①过程性考核与终结性考核相结合；②线上考核与线下考核相结合；③知识考核、能力考核和价值考核并重。

在思政教育考核方面，强调学生能够做到诚信守时，在主动学习和认真思考的基础上，原创性地完成各模块的项目任务，能够在金融实践中理解并遵守相关金融职业道德和规范；能够具备团队合作精神及奉献精神。具体考核方式及内容如表6-12所示。

表6-12 金融业务综合实践课程考核方式及内容

考核方式		考核内容	所属项目(5选3)	相应权重	占比(合计100%)	课程目标					
						1	2	3	4	5	6
过程性考核	出勤	学生平时学习表现，敬业精神，职业素质	一、二、三、四、五	20%	40%					√	
	平时作业	金融业务综合实践能力	一、二、三、四、五	40%		√	√	√			
	AOL测试	团队合作，交流与沟通	一、二、三、四、五	40%					√		
	小计			100%							
终结性考核	期末报告	金融业务综合实践能力	一、二、三、四、五	100%	60%	√	√		√	√	

6.4.4 课程思政教学设计

金融业务综合实践课程思政教学设计范例如下。

金融业务综合实践课程思政教学设计范例

○ **教学内容**　家庭财富管理项目的模拟演算及可行性分析
○ **教学背景**
　　近年来，随着居民收入的快速增加及生活水平的提高，个人与家庭财富快速积累和富裕群体日益庞大，尤其是近几年由于新冠疫情的影响，居民存款意愿持续增强。人民银行披露的 2023 年 1 月的金融数据显示，人民币存款增加 6.87 万亿元，同比多增 3.05 万亿元。其中，住户存款增加 6.2 万亿元，创历史同期新高，同比增加 7900 亿元。
　　因此，我国财富管理市场仍存在较大增长空间，未来 5 年仍将维持快速增长趋势。与之相对应的是，投资者资产配置意识不强。中国居民的金融资产配置中近一半仍配置于现金存款，一方面说明储蓄转换的空间很大，另一方面也说明中国居民的资产配置意识不强。如何帮助家庭更好地通过合理的投资回报率实现资产组合的优化，是本课程的重要内容。
○ **教学目标**
　　1. 知识目标
　　(1) 理解财富管理概念及其提出的现实和理论背景。
　　(2) 查找我国高净值人群的相关数据，总结其投资特征。
　　2. 能力目标
　　(1) 通过明确的项目任务目标，循序渐进推进教学过程，训练学生的逻辑思维能力。
　　(2) 能够结合具体数据分析现实问题，利用对于客户虚拟仿真生涯的测算，推导并计算合理的内部报酬率，培养学生的数据思维和实事求是的精神。
○ **教学方法**　场景模拟、问题导向、小组合作、数据分析、演绎推理
○ **思政元素**
　　经过几十年的发展，我国的经济建设成绩斐然。在经济建设取得巨大成就的同时，我国人均可支配收入也实现了质的飞跃。"十四五"规划指出，要实现居民人均可支配收入增长与国内生产总值增长基本同步。与此同时，居民对于理财和财富管理的认识也在逐渐发生变化。财富管理方式的普及是一个国家经济、金融自由度的重要衡量标准之一，居民理财从无到有，从单一到多元，人民对诚实劳动获得的资产有了更加自由的处置权利。这是制度的进步，也体现了中国的巨大成就。
　　在对家庭进行财富管理的过程中，要能够结合具体切实的数据，对于家庭的现金流进行更为合理的筹划，用数据说话，客观公正地为客户提供服务，这也是家庭财富管理的核心之一。
○ **教学过程**
　　课前，学生在西南财经大学 CHFS 数据库、统计局网站查找中国家庭金融财富数据及居民消费数据。
　　1. 项目导入：**家庭财富管理**
　　(1) 设计目标：在课程的理论基础上，分析具体数据，激发学生主动思考问题，引导学生正确认识和分析现实问题。
　　(2) 问题引导：家庭财富管理的核心是什么？如何更好地针对不同的客户实现合理的投资规划？主要依据有哪些？
　　(3) 教学活动：通过知识回顾引出家庭财富管理的概念。
　　2. 项目准备：**根据自然年度，测算目标客户的现金流变化**
　　(1) 设计目的：在财富管理概念的回顾下，结合具体的数据支撑，分析目标客户家庭的收入与

支出是否合理，是否符合当今的居民消费特征，是否与客户背景情况相吻合，从而分析自己前期搜集加工数据的工作是否合理。

(2) 教学活动：
- 以小组分工的方式分析课前搜集数据；
- 各组对照前期客户家庭数据，分析其工作是否合理。

3. 项目学习：IRR 的含义与应用

(1) 设计目标：通过 IRR 测算的学习，了解内涵报酬率的意义，以及在项目中应该如何合理地利用。

(2) 教学活动：
- 简介 IRR 的具体测算过程；
- 引导学生思考投资报酬率与 IRR、风险与 IRR 的关系；
- 学习在软件中应该如何利用相关数据进行操作；
- 引导学生思考 IRR 在家庭财富管理中的具体应用。

4. 项目实施：根据 IRR 计算方法测算目标客户的内部报酬率

(1) 设计目标：结合前期收集收据，利用软件计算 IRR，并比对前期的投资报酬率，分析家庭的投资计划是否可行。

(2) 教学活动：
- 以 IRR 测算为核心分析目标客户家庭的投资报酬率的可行性；
- 培养学生的逻辑思维、数据分析能力及实事求是的精神。

5. 理论/思政升华

(1) 设计目标：结合具体数据了解我国居民生活水平的巨大变化。

(2) 课程思政：我国经济建设的巨大成就。习近平总书记指出："共同富裕本身就是社会主义现代化的一个重要目标"。共同富裕是通过共同努力、共同奋斗、共同发展来共同分享整个国家进步的成果，也就是全民富裕、全面富裕、共建富裕、逐步富裕。

参 考 文 献

[1] 李建军. 金融科技学科的形成与专业人才培养[J]. 中国大学教学，2020(1)：17-23.

[2] 韩宪洲. 以课程思政推动立德树人的实践创新[J]. 中国高等教育，2019(23)：12-14.

[3] 习近平在全国高校思想政治工作会议上强调 把思想政治工作贯穿教育教学全过程 开创我国高等教育事业发展新局面[N]. 人民日报，2016-12-09.

[4] 习近平. 在北京大学师生座谈会上的讲话[M]. 北京：人民出版社，2018.

[5] 韩宪洲. 课程思政方法论探析：以北京联合大学为例[J]. 北京联合大学学报(人文社会科学版)，2020，18(2)：1-6.

[6] 陈宝生.在新时代全国高等学校本科教育工作会议上的讲话[J]. 中国高等教育，2018(Z3)：4-10.

[7] 习近平在北京市八一学校考察时强调 全面贯彻落实党的教育方针 努力把我国基础教育越办越好[N]. 人民日报，2016-09-09(1).

[8] 陆道坤. 课程思政推行中若干核心问题及解决思路：基于专业课程思政的探讨[J]. 思想理论教育，2018(3)：64-69.

[9] 李志义. 成果导向的教学设计[J]. 中国大学教学，2015(3)：32-39.

[10] 李志义，朱泓，刘志军，夏远景. 用成果导向教育理念引导高等工程教育教学改革[J]. 高等工程教育研究，2014(2)：29-34.

[11] 顾佩华等. 基于"学习产出"(OBE)的工程教育模式——汕头大学的实践与探索[J]. 高等工程教育研究，2014(1)：27-37.

[12] L. W. Anderson，D. R. Krathwohl. A taxonomy for learning, teaching, and assessing -a revision of Bloom's taxonomy of educational objectives[M]. New York，NY：Longman，2001.

[13] 张燕，黄荣怀. 教育目标分类学 2001 版对我国教学改革的启示[J]. 中国电化教育，2005(7)：16-20.

[14] 黄荣怀，周跃良，王迎. 混合式学习的理论和实践[M]. 北京：高等教育出版社，2006.

[15] 袁嫄. 基于 SPOC 的行为金融学深度学习模式研究[J]. 金融教育研究，2019(1)：69-75.

[16] 吴迪. 基于 SPOC 的混合式学习应用模式研究[D]. 重庆师范大学，2017.

[17] 施晓秋. 遵循专业认证 OBE 理念的课程教学设计与实施[J]. 高等工程教育研究，2018(5)：154-160.

[18] 杨兆等. 课程支撑毕业要求指标点达成度评价研究[N]. 黑龙江工程学院学报，2018(2)：62-67.

附　录

思政引领的金融学专业人才培养方案

北京联合大学

新版人才培养方案

(普通本科教育)

金融学　专业

北京联合大学教务处

一、学科门类：经济学　　　　　　　代码：02

二、专业名称：金融学　　　　　　　代码：020301K

三、标准学制(修业年限)：4 年　　　弹性学制：3～6 年

四、毕业学分：155 学分

五、授予学位：经济学学士

六、培养目标

本专业面向北京金融服务业，培育理论与实务知识并重，科技与人文素质兼备，具有扎实的经济学、金融学理论基础，通晓银行、证券、投资、保险等主要金融机构的业务流程，熟悉金融市场和产品，具备较强的知识检索、迁移、应用能力，具有国际视野、创新创业精神和社会责任感，能在金融机构、企事业单位及政府各级管理部门从事金融投资与理财分析、金融数据处理与分析、客户服务和业务拓展等岗位工作的复合型、高水平应用型人才。

本专业毕业生具有如下目标预期。

(1) 具有较为深厚的人文素质与科技素养，能够在金融机构、企事业单位或政府部门从事金融投资与理财分析、金融数据处理与分析、客户服务和业务拓展等方面的工作，成为具有国际视野、创新创业精神和良好职业道德的业务骨干。

(2) 具有较强的金融服务意识，能够以问题为导向，综合运用数学、信息技术、经济管理、财务及金融知识和技能创造性地为客户解决投融资管理、财富管理、风险规避、营销管理等问题。

(3) 具有较强的知识检索、迁移、应用能力，具备自我教育的能力，能够紧跟全球金融行业的发展新动态，进行自主学习，提高金融理论素养和金融技能水平，实现自我发展。

(4) 具有良好的品德情操和社会责任感，具备较强的组织管理能力、良好的沟通表达与团队合作能力，能够带领团队开展金融业务，赋能中小微企业发展及科技创新活动，助推区域经济发展。

七、毕业要求

毕业要求1：能够将数学、经济管理和财务知识用于解决金融学问题。

毕业要求2：能够应用现代信息技术收集金融信息和数据，并对信息和数据进行处理与分析，能够熟练使用金融应用软件。

毕业要求3：通晓银行、证券、保险等主要金融机构的业务流程，熟悉金融市场和产

品，能够将金融知识用于解决金融问题。

毕业要求 4：掌握文献检索、资料查询及运用现代信息技术获取相关信息的基本方法，了解金融学专业前沿发展现状和趋势，能够通过文献研究和项目调研分析复杂金融问题，并能获得有效结论。

毕业要求 5：能够应用金融专业知识为客户(个人或中小企业)设计融资方案、金融理财与投资方案、金融产品营销方案、财富管理策略、保险方案，完善金融服务流程，提出解决问题的方案和方法。

毕业要求 6：具备现代金融管理的业务技能、金融市场操作、风险控制的实践能力。

毕业要求 7：具备思辨能力，具有一定的创新意识和创业思维，能够将创意付诸金融领域的实践。

毕业要求 8：具有人文社会科学素养与社会责任感，了解金融学相关职业和行业的政策、法律及法规，能够在金融实践中理解并遵守金融职业道德和规范，履行相应的责任。

毕业要求 9：具有一定的组织管理能力，能够在多学科背景下的团队中承担个体、团队成员及负责人的角色。

毕业要求 10：能够就金融问题与客户、业界同行及社会公众进行有效沟通和交流，包括撰写报告、设计文稿、陈述发言、清晰表达或回应指令等，具备一定的国际视野，能够在跨文化背景下顺畅沟通与交流。

毕业要求 11：具有自主学习和终身学习的意识，紧跟全球金融行业发展新动态，具有不断学习和适应发展的能力；

上述毕业要求与培养目标的关联矩阵，如表 I-1 所示。

表 I-1 毕业要求与培养目标的关联矩阵

毕业要求	培养目标 1	培养目标 2	培养目标 3	培养目标 4
毕业要求 1	√	√		
毕业要求 2	√	√		
毕业要求 3	√	√		
毕业要求 4		√	√	
毕业要求 5		√		√
毕业要求 6		√		√
毕业要求 7	√	√		
毕业要求 8	√		√	
毕业要求 9			√	√
毕业要求 10	√			√
毕业要求 11	√		√	

注：毕业要求对培养目标有支撑作用的在相应单元格中标记"√"符号。

毕业要求和相关的指标点，如表 I-2 所示。

表 I-2 毕业要求和指标点

毕业要求	指标点
毕业要求 1：能够将数学、经济管理知识和财务知识用于解决金融问题	1-1：掌握金融专业必需的数学知识，且能将其应用于经济问题分析
	1-2：掌握金融专业必需的经济管理基础知识且能将其应用于解决相关问题
	1-3：掌握金融专业必需的财税知识且能将其应用于解决相关问题
毕业要求 2：能够应用现代信息技术收集金融信息和数据，并对信息和数据进行处理与分析，能够熟练使用金融应用软件	2-1：掌握计算机基础知识，能够熟练使用主要的金融应用软件
	2-2：熟悉计算机技术在金融业的应用情况，能够应用计算机技术收集金融信息和数据，并对信息和数据进行处理与分析
毕业要求 3：通晓银行、证券、保险等主要金融机构的业务流程，熟悉金融市场和产品，能够将金融知识用于解决金融问题	3-1：能够综合运用金融机构的理论与知识分析和解决相关问题
	3-2：能够综合运用金融市场的理论与知识分析和解决相关问题
	3-3：具备将所学知识转化为出色的宏观经济分析能力与判断能力，以及微观金融活动的实际决策能力
毕业要求 4：掌握文献检索、资料查询及运用现代信息技术获取相关信息的基本方法，了解金融学专业前沿发展现状和趋势，能够通过文献研究和项目调研分析复杂金融问题，并能获得有效结论	4-1：能够利用图书馆数据库和网络进行文献检索和资料查询，对所检索的资料与信息进行分类、加工和整理，对研究方法进行甄别，撰写文献综述和论文
	4-2：能够设计调查问卷、访谈提纲，进行实际项目调研，撰写调研报告或论文
	4-3：能够将数学、经济学和金融学的基本概念运用到复杂金融问题的适当表述之中，并进行研究分析，最终获得有效结论
毕业要求 5：能够应用金融专业知识为客户(个人或中小企业)设计融资方案、金融理财与投资方案、金融产品营销方案、财富管理策略、保险方案，完善金融服务流程，提出解决问题的方案和方法的能力	5-1：综合运用金融知识和理论，为中小企业设计投融资方案
	5-2：综合运用金融投资、理财、服务与营销的知识和理论，根据客户特定需求，设计个人理财与投资方案，改善金融服务流程，设计金融产品营销方案
	5-3：综合运用金融理论和技术手段设计针对复杂金融问题的解决方案，能够在设计中体现一定的创新意识
毕业要求 6：具备现代金融管理的业务技能、金融市场操作、风险控制的实践能力	6-1：综合运用金融机构理论和知识，具备相关业务操作能力
	6-2：综合运用投资学、营销学、外汇理论和知识，具备证券投资业务、财富管理、衍生金融工具操作能力，具备客户服务和营销能力，具备外汇投资业务操作技能
	6-3：综合运用金融风险管理理论和知识，具备金融风险管理能力
毕业要求 7：具备思辨能力，具有一定的创新意识和创业思维，能够将创意付诸金融领域实践	7-1：能够层次分明、条理清楚地提出问题和分析问题，并具有批判性思考问题的能力
	7-2：具有一定的创新意识和创业思维，能够在金融实践活动中融入创新意识和创业思维
毕业要求 8：具有人文社会科学素养、社会责任感，了解与金融学专业相关职业和行业的方针、政策和法律、法规，能够在金融实践中理解并遵守金融职业道德和规范，履行相应的责任	8-1：具有良好的人文精神、科学素养、崇高的使命感、高度的社会责任感
	8-2：熟悉与金融学专业相关的职业和行业的方针、政策和法律、法规
	8-3：具有严格的组织纪律性、严谨的工作作风、良好的金融职业道德，履行社会责任

(续表)

毕业要求	指标点
毕业要求9：具有一定的组织管理能力，能够在多学科背景下的团队中承担个体、团队成员及负责人的角色	9-1：能够理解在多学科背景下的团队中每个角色的含义，能在团队中做好自己承担的角色
	9-2：能够根据团队整体需求去组织、协调团队成员间的关系
毕业要求10：能够就金融问题与客户、业界同行及社会公众进行有效沟通和交流，包括撰写报告和设计文稿、陈述发言、清晰表达或回应指令，并具备一定的国际视野，能够在跨文化背景下自信地沟通和交流	10-1：能够通过口头或书面方式表达自己的分析和研究思路，具有较强的表达能力和人际交往能力
	10-2：至少掌握一门外语，具有应用能力
	10-3：具备一定的国际视野，能够在跨文化背景下自信地沟通和交流
毕业要求11：具有自主学习和终身学习的意识，紧跟全球金融行业的发展新动态，具有不断学习和适应发展的能力	11-1：对于自我探索和学习的必要性有正确的认识，紧跟全球金融行业的发展新动态，有自主学习和终身学习的意识
	11-2：具有不断学习和适应发展的能力

八、专业核心课程

金融学；公司金融；投资学；国际金融；商业银行经营管理。

九、课程体系及学分学时分配

课程体系及学分学时分配，如表 I-3 所示。

表 I-3　课程体系及学分学时分配

课程类别		理论部分		实践部分		小计		
		学分	学时	学分	学时	学分	学时	学分比例
通识教育课程	必修课	53	944	1	16	54	960	34.8%
	核心课程	4	64			4	64	2.6%
	选修课	4	64	/	/	4	64	2.6%
	小计	**61**	**1072**	**1**	**16**	**62**	**1088**	**40.0%**
学科基础课程	必修课	19.5	312	1.5	24	21	336	13.6%
	选修课	16	256	4	64	20	320	12.9%
	小计	**35.5**	**568**	**5.5**	**88**	**41**	**656**	**26.5%**
专业教育课程	必修课	16	256	2	32	18	288	11.6%
	选修课	3	48	3	48	6	96	3.9%
	小计	**19**	**304**	**5**	**80**	**24**	**384**	**15.5%**

(续表)

课程类别		理论部分		实践部分		小计		
		学分	学时	学分	学时	学分	学时	学分比例
独立设置实践教学环节	分散实践教学环节	/	/	1	16	1	16	0.6%
	集中实践教学环节（周数）	/	/	27	936	27	936	17.4%
	小计	/	/	**28**	**952**	**28**	**952**	**18.0%**
合计		**115.5**	**1944**	**39.5**	**1136**	**155**	**3080**	**100.0%**
理论教学学时数/学分数		\multicolumn{7}{c}{**1944/115.5**}							
实验教学学时数/学分数		**1136/39.5**						
集中性实践教学环节周数/学分数		**39/27**						
实践教学环节学分比例		**25.5%**						
毕业总学时/总学分		**155**						

十、课程体系与毕业要求的关联度矩阵

课程体系与毕业要求的关联度矩阵，如表 I-4 所示。

表 I-4 课程体系与毕业要求的关联度矩阵

课程	毕业要求1	毕业要求2	毕业要求3	毕业要求4	毕业要求5	毕业要求6	毕业要求7	毕业要求8	毕业要求9	毕业要求10	毕业要求11
通识教育必修课程											
习近平新时代中国特色社会主义思想概论								H		L	H
思想道德与法治								H		L	L
马克思主义基本原理								H	H	L	
毛泽东思想与中国特色社会主义理论体系概论							L	H			H
中国近现代史纲要							M	H			L
形势与政策							M	H			L
大学英语				L						H*	H
微积分	H			L	L						
线性代数	H			L	L						
概率论与数理统计	H			H	L						
Python 程序设计		H		L	L						
军事理论							L	H	H		
体育									L	M	

(续表)

课程	毕业要求1	毕业要求2	毕业要求3	毕业要求4	毕业要求5	毕业要求6	毕业要求7	毕业要求8	毕业要求9	毕业要求10	毕业要求11
大学生心理素质教育						L	L	H			
职业发展								H		L	M
就业指导								H	H	L	M
创新思维方法					L		H*				H
学科基础必修课											
管理学	H			M				L	M		L
微观经济学	H		L	H	L						
宏观经济学	H		L	H	L						
基础会计	L							H			H
统计学	L	H		H				H			H
计量经济学	L	H*	H					L	L		L
财政学	H	L						L	L		L
保险学			H		L	H		H		L	L
学科基础选修课程											
金融营销学					L	H		L			L
中小企业金融服务			H	L	H		L				
金融英语										H	H
金融法							L	H*		L	L
金融与社会			H*	L	H		H*	L			L
生活中的投资学				L		H	H*				
金融投资与理财规划	H		L		H	H*		H		L	H
专业必修课程											
专业导论			L	L			L	H*			H*
金融学			H*	L	H		H*	L			L
公司金融	L		L	L	L		L				
投资学				L		H	H*				
国际金融				H			H	L		L	L
商业银行经营管理				H			L	L		L	L
金融市场学				H		H	L			L	L
专业选修模块一：金融分析(CFA)模块											
金融风险管理				L	L	H	H	L			L
金融工程概论					L	L	H	L			
量化投资		H	H	L	H			H			L

(续表)

课程	毕业要求1	毕业要求2	毕业要求3	毕业要求4	毕业要求5	毕业要求6	毕业要求7	毕业要求8	毕业要求9	毕业要求10	毕业要求11
专业选修模块二：财富管理(CFP)模块											
财富管理	L		L		H			H			H
个人理财规划	H		H	L	L			L		L	L
金融理财综合规划案例分析	L		L		H			H	H		H
专业选修模块三：金融大数据模块											
数据科学导论		L		L				L		L	H*
数据库技术与应用		H*		H	H			L	L		H*
Python 金融大数据分析		H*		H	L	L					
实践课程											
军事训练								H	L		
思想政治理论综合实践								H	L		H
证券投资分析			L		H	H*					
银行业务模拟			L		L	H	L				
数字化管理综合实践				L		H			H		
金融统计分析	L	H	H				H				H
计量经济学实训	L	H*	L								
国际结算实训	L	H			H		H			H	
金融前沿理论与实践			L	L			H		H	L	H
认识实习				H				H	H	L	
专业实习				H		H			H	L	
毕业实习							H			L	L
毕业论文				H*			H*	H	L	L	H*

注：所有必修课程都应在表中填列。H 代表课程对毕业要求高支撑，M 代表课程对毕业要求中支撑，L 代表课程对毕业要求低支撑，*标记与每项毕业要求达成关联度最高的课程。

十一、课程体系支持毕业要求指标点的任务矩阵

课程体系支持毕业要求指标点的任务矩阵，如表 I-5 所示。

表 I-5　课程体系支持毕业要求指标点的任务矩阵

课程	毕业要求1			毕业要求2		毕业要求3			毕业要求4			毕业要求5			毕业要求6			毕业要求7		毕业要求8			毕业要求9		毕业要求10			毕业要求11	
	1-1	1-2	1-3	2-1	2-2	3-1	3-2	3-3	4-1	4-2	4-3	5-1	5-2	5-3	6-1	6-2	6-3	7-1	7-2	8-1	8-2	8-3	9-1	9-2	10-1	10-2	10-3	11-1	11-2
通识教育必修课程																													
习近平新时代中国特色社会主义思想概论																													
思想道德与法治																													
马克思主义基本原理概论																		✓	✓	✓									
毛泽东思想与中国特色社会主义理论体系概论																		✓		✓							✓		
中国近现代史纲要																		✓		✓								✓	
形势与政策																		✓		✓	✓							✓	

(续表)

课程	毕业要求 1			毕业要求 2		毕业要求 3			毕业要求 4			毕业要求 5			毕业要求 6			毕业要求 7		毕业要求 8			毕业要求 9		毕业要求 10			毕业要求 11	
	1–1	1–2	1–3	2–1	2–2	3–1	3–2	3–3	4–1	4–2	4–3	5–1	5–2	5–3	6–1	6–2	6–3	7–1	7–2	8–1	8–2	8–3	9–1	9–2	10–1	10–2	10–3	11–1	11–2
大学英语			√																										
微积分		√									√																		
线性代数		√									√																		
概率论与数理统计		√							√		√																		
Python程序设计				√	√																								
军事理论																													
体育																													
大学生心理素质教育														√															
职业发展																		√		√	√	√	√	√					
就业指导																			√				√	√	√				
创新思维方法														√						√	√	√	√	√				√	√
学科基础必修课																													
管理学									√		√	√	√																
微观经济学	√						√	√																					
宏观经济学	√						√	√																					

（续表）

课程	毕业要求1			毕业要求2		毕业要求3			毕业要求4			毕业要求5		毕业要求6			毕业要求7		毕业要求8		毕业要求9		毕业要求10			毕业要求11	
	1-1	1-2	1-3	2-1	2-2	3-1	3-2	3-3	4-1	4-2	4-3	5-1	5-2	6-1	6-2	6-3	7-1	7-2	8-1	8-2	9-1	9-2	10-1	10-2	10-3	11-1	11-2
学科基础必修课程																											
基础会计		✓																									
统计学				✓					✓																	✓	
计量经济学				✓	✓					✓											✓					✓	
财政学	✓																		✓							✓	
保险学							✓					✓								✓						✓	
学科基础选修课程																											
金融营销学															✓	✓											
中小企业金融服务							✓			✓							✓		✓		✓						
金融英语								✓																✓			
金融法					✓	✓													✓							✓	
生活中的社会						✓								✓				✓									
生活中的投资学								✓																			
金融投资与理财规划		✓											✓		✓					✓						✓	✓
专业必修课程																											
专业导论									✓																	✓	✓
金融学						✓		✓									✓		✓							✓	✓

（续表）

课程	毕业要求1			毕业要求2		毕业要求3			毕业要求4			毕业要求5			毕业要求6			毕业要求7		毕业要求8			毕业要求9		毕业要求10			毕业要求11	
	1-1	1-2	1-3	2-1	2-2	3-1	3-2	3-3	4-1	4-2	4-3	5-1	5-2	5-3	6-1	6-2	6-3	7-1	7-2	8-1	8-2	8-3	9-1	9-2	10-1	10-2	10-3	11-1	11-2
公司金融		✓						✓										✓											
保险学				✓			✓				✓		✓								✓							✓	
投资学					✓			✓				✓			✓													✓	
国际金融							✓	✓						✓		✓									✓			✓	
商业银行经营管理								✓				✓				✓	✓				✓							✓	
金融市场学								✓				✓					✓								✓			✓	
专业选修模块一：金融分析(CFA)模块																													
金融风险管理							✓				✓				✓	✓													
金融工程概论							✓				✓						✓		✓										
量化投资							✓					✓				✓				✓									
专业选修模块二：财富管理(CFP)模块																													
财富管理	✓						✓						✓									✓		✓					
个人理财规划		✓					✓			✓						✓						✓				✓			
金融理财综合案例分析			✓				✓					✓										✓	✓						
专业选修模块三：金融大数据模块																													
数据科学导论													✓											✓				✓	

（续表）

课程	毕业要求1			毕业要求2		毕业要求3		毕业要求4			毕业要求5			毕业要求6			毕业要求7		毕业要求8			毕业要求9		毕业要求10			毕业要求11	
	1-1	1-2	1-3	2-1	2-2	3-1	3-2	4-1	4-2	4-3	5-1	5-2	5-3	6-1	6-2	6-3	7-1	7-2	8-1	8-2	8-3	9-1	9-2	10-1	10-2	10-3	11-1	11-2
数据库技术与应用				√																							√	
Python金融大数据分析					√								√			√												√
专业实践课程																												
证券投资分析							√																					
银行业务模拟						√																						
数字化管理综合实践				√	√				√					√	√													
金融统计分析				√	√			√				√		√														
计量经济学实训				√				√									√		√									
国际结算实训		√								√									√									
金融前沿理论与实践										√					√			√		√		√						
认识实习																		√			√	√	√	√				
专业实习																		√			√	√	√	√			√	
毕业实习																		√			√	√	√				√	
毕业论文																		√			√	√	√			√	√	√

注：所有必修课程都应在表中填列，模块化选修课程及专业特色课程由专业自选填列，每门课程对毕业要求指标点有支撑作用的在相应单元格中标记"√"符号。

十二、第一课堂教学计划表

第一课堂教学计划表，如表 I-6 所示。

表 I-6 第一课堂教学计划表

课程类别及性质		课程代码	课程名称/英文名称	学分	总学时	理论学时	实验学时	上机学时	建议修读学期	考核方式	备注
通识教育	通识教育必修课程	MXI120006E	习近平新时代中国特色社会主义思想概论 An Introduction to Xi Jinping Thought on Socialism with Chinese Characteristics for a New Era	2	32	32			1	考试	
		MXI130003E	思想道德与法治 Cultivation of Ethic Thoughts and Legal Basis	2.5	40	40			1	考试	
		MXI130005E	马克思主义基本原理 Introduction to the Basic Principles of Marxism	2.5	40	40			3	考试	
		MXI170003E	毛泽东思想和中国特色社会主义理论体系概论 An Introuduction to Mao Zedong Thought and The Theoretical System of Socialism with Chinese Characteristics	4.5	72	72			4	考试	
		MXI130004E	中国近现代史纲要 Concise Outline of Modern and Contemporary Chinese History	2.5	40	40			2	考试	
		MXI120005E	形势与政策 Situation and Policy	2	32	32			1—8	考试	
		ENG160001T	大学英语(I) College English(I)	4	64	64			1	考试	

(续表)

课程类别及性质		课程代码	课程名称/英文名称	学分	总学时	理论学时	实验学时	上机学时	建议修读学期	考核方式	备注
通识教育	通识教育必修课程	ENG160002T	大学英语(II) College English(II)	4	64	64			2	考试	
		ENG140003T	大学英语(III) College English(III)	3	48	48			3	考试	
		ENG140004T	大学英语(IV) College English(IV)	3	48	48			4	考试	
		MAT160005T	微积分(I) Calculus(I)	4	64	64			1	考试	
		MAT160006T	微积分(II) Calculus(II)	4	64	64			2	考试	
			线性代数 Linear Algebra	3	48	48			2	考试	
		MAT120016T	概率论与数理统计(I) Probability and Statistics(I)	2	32	32			3	考试	
		CSE140021C	Python 程序设计 Python Programming	3	48	48			2	考试	
		MIL120001T	军事理论 Military Theory	2	32	32			1	考试	
		PHE100001T	体育(I) Physical Education(I)	1	32	32			1	考试	
		PHE100002T	体育(II) Physical Education(II)	1	32	32			2	考试	
		PHE100003T	体育(III) Physical Education(III)	1	32	32			3	考试	
		PHE100004T	体育(IV) Physical Education(IV)	1	32	32			4	考试	
		PSY1Z0002T	大学生心理素质教育 Psychological Diathesis Education for College Students	0	16	16			1或2	考试	
			职业发展 Career Development	0	8	8			1	考试	
			就业指导 Vocational Guidance	0	8	8			6	考试	
			创新思维方法 Innovative thinking	2	32	16	16		2	考查	
			小计	54	960	944	16	0	/		

(续表)

课程类别及性质		课程代码	课程名称/英文名称	学分	总学时	理论学时	实验学时	上机学时	建议修读学期	考核方式	备注
通识教育	通识教育核心课程		详见当学期开课目录	2	32	32	/	/	/	考查	
			详见当学期开课目录	2	32	32	/	/	/	考查	
			小计 (从本专业所属学科之外三类中选4学分)	4	64	64	/	/	/		
	通识教育选修课程		详见当学期开课目录	2	32	32	/	/	/	考查	
			详见当学期开课目录	2	32	32	/	/	/	考查	
			小计 (任选4学分)	4	64	64	/	/	/		
			合计	62	1088	1072	16	0	/		
学科教育	学科基础必修课程	BUA240001T	管理学 Management	3	48	48			1	考试	
		ECO240001T	微观经济学 Microeconomics	3	48	48			2	考试	
		ECO240002T	宏观经济学 Macroeconomics	3	48	48			3	考试	
		BUA240003T	基础会计 Basic Accountancy	3	48	48			2	考试	
		ECO244004T	统计学 Statistics	3	48	32	16		4	考试	
		ECO321412T	计量经济学 Econometrics	2	32	32			5	考查	
		ECO224003T	财政学 Public Finance	2	32	32			3	考试	
		ECO320206T	保险学 Insurance	2	32	24	8		4	考查	
			小计	21	336	312	24	0	/		
	学科基础选修课程	ECO320207T	金融营销学 Financial Marketing	2	32	16	16		5	考查	
		FIN321010T	中小企业金融服务 Financial Services of SMEs	2	32	16	16		6	考查	

(续表)

课程类别及性质		课程代码	课程名称/英文名称	学分	总学时	理论学时	实验学时	上机学时	建议修读学期	考核方式	备注
学科教育	学科基础选修课程	ECO321418T	金融英语 Financial English	2	32	16	16		5	考查	
		FIN321010T	金融法 Financial Law	2	32	16	16		4	考查	
			金融与社会	2	32	32			4	考查	
			生活中的投资学		32	32			4	考查	
			金融投资与理财规划	2	32	32			4	考查	
			选其他专业8学分	2	32	32					
				2	32	32					
				2							
				2	32	32					
			小计	20	320	256	64	0	/		
专业教育	专业必修课程	EC0300208T	专业导论 Introduction of Major	1	16	16			1	考查	
		EC0244006T	★金融学 Finance	3	48	48	0		3	考试	
		EC0244007T	★公司金融 Corporate Finance	3	48	40	8		4	考试	
		FIN340001T	★投资学 Investments	3	48	48			5	考试	
		ECO340209T	★国际金融 International Finance	3	48	40	8		5	考试	
		ECO340205T	★商业银行经营管理 Commercial Banking Management	3	48	48			6	考试	
		ECO320204T	金融市场学 Financial Markets	2	32	16	16		4	考查	
			小计	18	288	256	32		/		
	专业选修课程	金融分析(CFA)模块	ECO321409T	金融风险管理 Financial Risk Management	2	32	16	16		6	考查	各专业可自行设计若干方向模块
			ECO321408T	金融工程概论 Financial Engineering	2	32	16	16		6	考查	
				量化投资 Quantitative Investment	2	32	16	16		6	考查	

(续表)

课程类别及性质			课程代码	课程名称/英文名称	学分	总学时	理论学时	实验学时	上机学时	建议修读学期	考核方式	备注
专业教育	专业选修课程	财富管理(CFP)模块		财富管理 Wealth Management	2	32	16	16		5	考查	
			ECO321303T	个人理财规划 Personal Financial Planning	2	32	16	16		5	考查	
				金融理财综合规划案例分析 Case Study of Comprehensive Financial Planning	2	32	16	16		6	考查	
		金融大数据模块	ECP321021T	数据科学导论 Data Science Introduction	2	32	16		16	3	考查	
			ECP321022E	数据库技术与应用 Database Technology and Application	2	32	16		16	6	考查	
			ECP321023E	Python 金融大数据分析 Financial Data Analysis By Python	2	32	16		16	6	考查	
				小计 (每个学生应选修的最低学分)	6	128	/	/	/	/		
				合计	65	1072	/	/	/	/		
独立设置实践教学环节	分散实践教学环节	通识教育必修课程										
				小计						/		
		学科基础必修课程										
				小计						/		
		学科基础选修课程										
				小计						/		
		专业必修课程	ECO301424P	▲银行业务模拟 Training of Commercial Bank Business	1	16		16		6	考查	
				小计	1	16		16		/		

(续表)

课程类别及性质			课程代码	课程名称/英文名称	学分	总学时	理论学时	实验学时	上机学时	建议修读学期	考核方式	备注
独立设置实践教学环节	分散实践教学环节	专业必修课程		**小计** **(每个学生应选修的最低学分)**			/	/	/	/		
独立设置实践教学环节	集中实践教学环节	通识教育必修课程	MIL1Z0002P	军事训练 Military training	2	2周	/	/	/	1	考试	
			MXI120006P	思想政治理论课综合实践	2	2周		2周		2		大一暑期进行
				小计	4	4周		2周		/		
		学科基础必修课程	BUA321037P	▲数字化管理综合实践 Economics & Management Comprehensive Experiments	2	2周		2周		3	考查	
			FIN301003P	金融统计分析 Financial Statistics and Analysis	1	1周		1周		4	考查	
			FIN301001P	计量经济学实训 Econometrics Practical Training	1	1周		1周		5	考查	
				小计	4	4周		4周		/		
独立设置实践教学环节	分散实践教学环节	学科基础选修课程	ECO301423P	证券投资分析 Securities Investment Analysis	1	1周		1周		5	考查	
				小计	1	1周		1周		/		
		专业必修课程	FIN321002P	认识实习 Cognition Practice	1	1周		1周		4	考查	暑期进行
			FIN320002P	专业实习 Professional Practice	4	4周		4周		5	考查	寒假进行
			FIN3C1005P	毕业实习 Graduation Practice	6	6周		6周		7	考查	

(续表)

课程类别及性质		课程代码	课程名称/英文名称	学分	总学时	理论学时	实验学时	上机学时	建议修读学期	考核方式	备注
独立设置实践教学环节	分散实践教学环节 / 专业必修课程	GPT3E0003G	毕业论文 Graduation Thesis	4	16周		16周		8	考查	
			小计	15	27周		27周		/		
	专业选修课程	ECO301436P	国际结算实训 International Account Settlement Practical Training	1	1周		1周		6	考查	双语教学
			▲金融前沿创新与实践 Financial frontier innovation and practice	2	2周		2周		5		寒假进行
			小计 (每个学生应选修的最低学分)	3	/	/	/	/			
			合计	28	/	/	/	/			
			总计	155							

十三、第一课堂课程预修体系表

第一课堂课程预修体系表如表 I-7 所示。

表 I-7 第一课堂课程预修体系表

课程名称及代码	建议修读学期	预修课程1 (名称及代码)	预修课程2 (名称及代码)	预修课程3 (名称及代码)
管理学 Management BUA240001T	1	/	/	/
微观经济学 Microeconomics ECO240001T	2	/	/	/
宏观经济学 Macroeconomics ECO240002T	3	微观经济学 Microeconomics ECO240001T	/	/
基础会计 Basic Accountancy BUA240003T	2	管理学 Management BUA240001T	/	/

(续表)

课程名称及代码	建议修读学期	预修课程1 (名称及代码)	预修课程2 (名称及代码)	预修课程3 (名称及代码)
统计学 Statistics ECO244004T	4	概率论与数理统计(I) Probability and Statistics(I) MAT120016T	/	/
计量经济学 Econometrics ECO321412T	5	统计学 Statistics ECO244004T	/	/
财政学 Public Finance ECO224003T	3	微观经济学 Microeconomics ECO240001T	/	/
保险学 Insurance ECO320206T	4	★金融学 Finance ECO224001T	宏观经济学 Macroeconomics ECO240002T	/
专业导论 Introduction of Major ECO300208T	3	/	/	/
★金融学 Finance ECO224001T	3	微观经济学 Microeconomics ECO240001T	/	/
★公司金融 Corporate Finance ECO320204T	4	基础会计 Basic Accountancy BUA240003T	★金融学 Finance ECO224001T	/
★投资学 Investments ECO340203T	5	★金融学 Finance ECO224001T	★金融市场学 Financial Markets ECO320204T	/
★国际金融 International Finance ECO340205T	5	★金融学 Finance ECO224001T	★金融市场学 Financial Markets ECO320204T	/
★商业银行经营管理 Commercial Banking Management ECO340209T	6	★金融学 Finance ECO224001T	★金融市场学 Financial Markets ECO320204T	/
金融市场学 Financial Markets ECO320204T	4	★金融学 Finance ECO224001T	/	/
金融营销学 Financial Marketing ECO320207T	5	★金融学 Finance ECO224001T	/	/

(续表)

课程名称及代码	建议修读学期	预修课程1 (名称及代码)	预修课程2 (名称及代码)	预修课程3 (名称及代码)
中小企业金融服务 Financial Services of SMEs FIN321010T	6	★金融学 Finance ECO224001T	★金融市场学 Financial Markets ECO320204T	★保险学 Insurance ECO320206T
金融英语 Financial English ECO321418T	5	大学英语(Ⅰ—Ⅳ) College English(Ⅰ—Ⅳ)	★金融学 Finance ECO224001T	
金融法 Financial Law FIN321010T	5	★金融学 Finance ECO224001T	★金融市场学 Financial Markets ECO320204T	★保险学 Insurance ECO320206T
金融风险管理 Financial Risk Management	6	★金融学 Finance ECO224001T	★金融市场学 Financial Markets ECO320204T	★国际金融 International Finance ECO340205T
金融工程概论 Financial Engineering ECO321408T	6	★金融学 Finance ECO224001T	★金融市场学 Financial Markets ECO320204T	
量化投资 Quantitative Investment 课程号＊＊＊	6	★金融学 Finance ECO224001T	★投资学 Investments ECO340203T	金融市场学 Financial Markets ECO320204T
财富管理 Wealth Management 课程号＊＊	5	★金融学 Finance ECO224001T	保险学 Insurance ECO320206T	
个人理财规划 Personal Financial Planning ECO321303T	6	★金融学 Finance ECO224001T	★金融市场学 Financial Markets ECO320204T	★保险学 Insurance ECO320206T
金融理财综合规划案例分析 Case Study of Comprehensive Financial Planning	6	★金融学 Finance ECO224001T	保险学 Insurance ECO320206T	财富管理 Wealth Management
数据科学导论 Data Science Introduction ECP321021T	3	Python 程序设计 Python Programming CSE140021C	/	/
数据库技术与应用 Database Technology and Application ECP321022E	6	★金融学 Finance ECO224001T	★金融市场学 Financial Markets ECO320204T	数据科学导论 Data Science Introduction ECP321021T
Python 金融大数据分析 Financial Data Analysis by Python ECP321023E	6	★金融学 Finance ECO224001T	★金融市场学 Financial Markets ECO320204T	数据科学导论 Data Science Introduction ECP321021T

(续表)

课程名称及代码	建议修读学期	预修课程1 (名称及代码)	预修课程2 (名称及代码)	预修课程3 (名称及代码)
▲银行业务模拟 Training of Commercial Bank Business ECO301424P	6	★商业银行业务管理 Commercial Banking Management ECO340209T	/	/
▲数字化管理综合实践 Economics & Management Comprehensive Experiments	3	管理学 Management BUA240001T	/	/
金融统计分析 Financial Statistics and Analysis FIN301003P	4	★统计学 Statistics ECO244004T	/	/
证券投资分析 Securities Investment Analysis ECO301423P	5	★投资学 Investments ECO340203T	/	/
计量经济学实训 Econometrics Practical Training ECO301436P	5	★计量经济学 Econometrics ECO321412T	/	/
国际结算实训 International Account Settlement Practical Training ECO301436P	6	★国际金融 International Finance ECO340205T	/	/
▲金融前沿创新与实践 Financial frontier innovation and practice	5	★金融学 Finance ECO224001T	计量经济学 Econometrics ECO321412T	量化投资 Quantitative Investment ＊＊＊

注：建议修读学期填写示例"5"。

十四、第一课堂课程地图

按照中国人民银行明确的中国金融机构涵盖范围，本书梳理了本专业金融人才对应的工作岗位群、主要工作内容、课程设置与专业能力。其中，银行业存款类金融机构主要包括商业银行、信用合作社等；银行业非存款类金融机构主要包括信托公司、金融资产管理公司、金融租赁公司、汽车金融公司、货币经纪公司等；证券业金融机构主要包括证券公司、基金公司、期货公司等；保险业金融机构主要包括财产保险公司、人身保险公司、保险经纪公司、保险代理公司等；新兴金融企业主要包括小额贷款公司、第三方理财公司、综合理财服务公司等；金融科技公司主要指具有金融牌照的金融科技企业。第一课堂课程地图如图Ⅰ-1所示。

附录　思政引领的金融学专业人才培养方案　　185

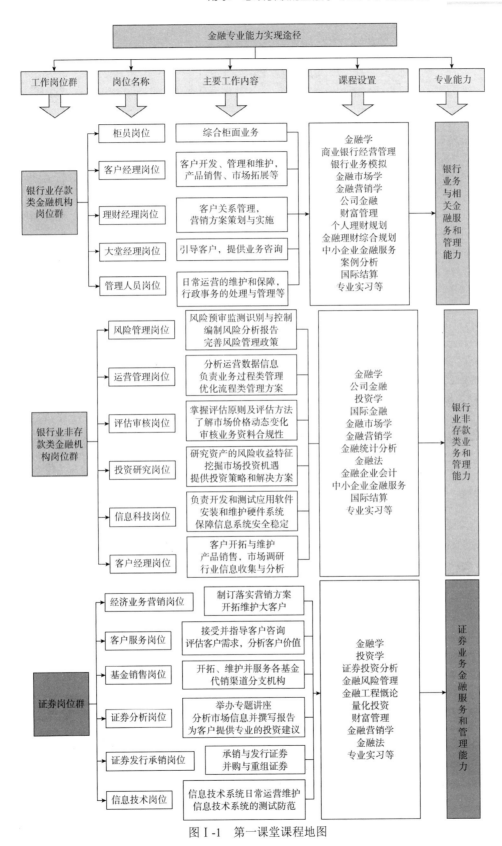

图 I-1　第一课堂课程地图

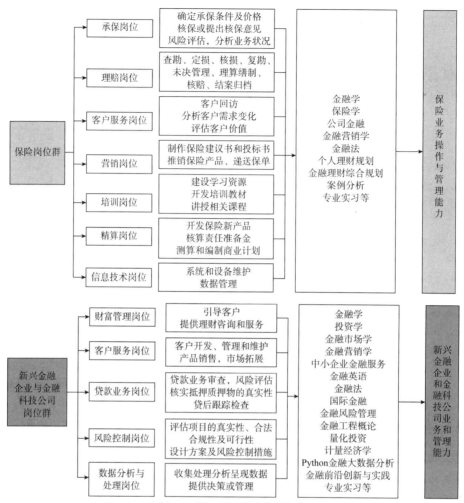

图 I-1 第一课堂课程地图(续)

十五、第二课堂课程(活动)一览表

第二课堂课程(活动)一览表，如表 I-7 所示。

表 I-7 第二课堂课程(活动)一览表

平台	课程类别及课程名称		课程代码	开课部门	授课对象	学分	第二课堂成长积分	课程性质	开课学期	备注
德育平台	思想成长类	入学教育	DSXCZA001B	校学生处	全体学生	0.6	3	必修	1	包含生命教育、安全教育、禁毒防艾、学籍管理、学生日常规范管理、图书馆入馆教育等模块
		毕业教育	DSXCZA002B	校学生处	全体学生	0.2	1	必修	8	

(续表)

平台	课程类别及课程名称	课程代码	开课部门	授课对象	学分	第二课堂成长积分	课程性质	开课学期	备注
德育平台	思想成长类	心理团体辅导	DSXCZA003B	校学生处	全体学生	0.2	1	必修	1~2	
		国防教育主题活动	DSXCZA004B	校学生处	全体学生	0.2	1	必修	1~8	
		"梦想中国"主题活动	DSXCZA005B	校学生处	全体学生	0.4	2	必修	1~6	
		"品味经典"主题活动	DSXCZA006B	校图书馆	全体学生	0.4	2	必修	1~6	
		"沟通达人"主题活动	DSXCZA007B	校学生处	全体学生	0.4	2	必修	1~6	
		图书阅读	DSXCZA008B	校图书馆	全体学生	0.6	3	必修	1~6	学生每学年在图书馆借阅图书25册,同时提交1篇800字以上读书笔记,经检查合格,获得0.2学分,须累计修满0.6学分
德育平台	思想成长类	"知校史"大讲堂	DSXCZA009B	校档案(校史)馆	全体学生	0.2	1	必修	1	学生每学年在图书馆借阅图书25册,同时提交1篇800字以上读书笔记,经检查合格,获得0.2学分,须累计修满0.6学分
		网络安全微课	DSXCZA010B	校保卫处	全体学生	0.6	3	必修	1~6	
		安全技能培训(一)	DSXCZA011B	校保卫处	全体学生	0.2	1	必修	1	
智育平台	创新创业实践类	学术讲座	ZCXCYA001B	全校各单位	全体学生	1	5	必修	1~6	包括校院各单位组织开展的学术大讲堂、创新大讲堂、创业大讲堂等高水平学术讲座,学生聆听讲座,每学时获得0.1学分,须累计修满1学分
		"致用杯"大学生创新创业竞赛	ZCXCYA002X	校教务处、校学生处、校团委	全体学生	1	5	选修	1、3、5、7	学生参加竞赛,项目负责人获得1学分,其他成员获得0.5学分

(续表)

平台	课程类别及课程名称		课程代码	开课部门	授课对象	学分	第二课堂成长积分	课程性质	开课学期	备注
智育平台	创新创业实践类	职业发展类主题活动	ZCXCYA003X	校学生处	全体学生	1	5	选修	1~6	学生参加一次获得0.2学分
体育平台	体育类	校园健康跑步	TTYJSA001B	校体育部、校团委、校学生处、校信息网络中心	全体学生	2	10	必修	1~4	学生须在第一、第二学年参加校园健康跑步,每学期须完成跑步48天,可获得0.5学分,具体要求参见学校相关通知
劳育平台	志愿公益类	志愿服务	LZYGYA001B	校团委	全体学生	1	5	必修	1~2	学生需要在第一学年,累计完成22个校内外志愿服务工时
		公益劳动	LZYGYA002B	校学生处	全体学生	1	5	必修	1~6	学生需要在第一学年至第三学年期间,累计完成24学时公益劳动

十六、必要说明

本培养方案的制订依据为《金融学类专业教学质量国家标准》,在此基础上突出了以下特点。

1. 基于成果导向(OBE)教育理念反向设计培养方案

本专业培养方案是以校院两级人才培养目标为纲,基于OBE理念进行"反向设计"形成的。具体来看,分为以下步骤。

第一,根据内外部需求调研确定专业人才培养目标。外部需求包括国家、社会及教育发展需要,行业、产业与用人单位需求,校友期望等;内部需求包括学校定位及发展目标,学生发展期望等。培养目标是对毕业生在毕业后5年左右能够达到的职业和专业成就的总体描述,界定了金融学专业人才培养的基本素养、服务领域、职业特征及人才定位。

第二,将培养目标按照知识、能力和素质维度分解为毕业要求,该毕业要求即为学生完成学业后应该取得的学习成果。基于OBE理念对毕业生规定了11条毕业要求,除了强调专业知识、问题分析与研究、实践能力与设计解决方案以外,还关注思辨与创新、职业道德与规范、沟通与合作、终身学习、社会责任感等。

第三,将毕业要求表达成具有可衡量、导向性、有逻辑关系、有专业特点的具体可测的指标点,根据指标点来搭建课程体系,专业教师通过讨论给出所任课程与毕业要求及细化指标的支撑关系，确保每个毕业要求指标点都有相应的课程内容来支撑。

2. 构建基于成果导向(OBE)教育理念的一体化课程体系

本专业基于 OBE 理念，构建一体化课程体系。专业课程按照"通识教育课程—学科基础必修课程—学科基础选修课程—专业必修课程—专业选修课程"这一主线层层深入。专业选修课程包括 3 个模块：金融分析(CFA)模块、财富管理(CFP)模块、金融大数据模块，同时注重特色课程模块建设，"金融分析(CFA)模块"紧扣北京金融风险管理中心的定位，强调量化投资与风险控制；"财富管理(CFP)模块"紧扣北京建设全球财富管理中心的定位，为满足日益增长的财富管理人才的需求，在传统宏观金融的基础上，以学科建设为依托而开设，具有鲜明的微观金融特征；"金融大数据模块"紧扣北京市科技创新中心建设，依托金融学、信息科学、管理学交叉学科，培养科技金融领域人才。非模块课程包括金融企业会计、数据挖掘、内部控制学等课程。学生可以根据个人发展兴趣选择不同课的模块课程和非模块课程进行学习。实践教学主要由 3 个部分构成，包括专业研究方法实践课程、金融业务实践课程、金融前沿创新与实践课程，构建面向能力培养的实践教学课程体系，提高应用型人才培养质量。

3. 贯彻"大思政＋新金融"的专业思政理念，深化课程思政

为实现立德树人根本目标，基于"立德树人"同向同行协同推进机制，使课程的政治方向与教师队伍建设聚焦于形成高水平的人才培养体系，并将思想政治工作贯通学科体系、教学体系、教材体系和管理体系。课程思政在专业思政的统领下，围绕课程思政所要求的价值塑造、能力培养、知识传授的教学目标，将知识教育、理想信念教育和道德品格教育有机结合，挖掘专业课程的思政元素，实现教学内容重塑和教学方法创新，着力"入脑""入心"。

立足"大金融"的视角，金融学专业课程的思政元素主要融入 4 个方面：金融发展的道路自信和制度自信、全球经济金融治理中的中国智慧与方案、金融伦理与职业道德、金融企业的社会责任。在课程思政建设过程中持续优化润物无声的课程教学设计，确立明确的教学目标，找准立足点，让课程思政有高度；有机结合社会大课堂，巧设切入点，让课程思政有温度；深度融入专业性知识，找准着力点，让课程思政有力度；采用多维度学习评价，把握关键点，让课程思政有效度。

4. 立足北京金融业发展，培养学生专业应用能力

本专业着眼于学生未来职业发展的需求，重点进行专业综合应用能力的训练和实习。开设专业综合实践课程，提高学生的专业素质和职业素质。在分散实践和集中实践环节，开展与基础理论或专业课程对应，并能适应现代经济发展需要的高素质应用型人才的实践训练，提高学生的知识应用能力。

按照本专业培养计划修学规定，结合北京市经济及金融业的发展趋势对人才需求的结构调整，采取多种渠道培养复合型及应用型人才：首先，在学科基础必修课程中管理学院

设置数字化管理综合实践，旨在增强学生对企业数字化管理的能力；其次，在第五学期设置金融前沿创新与实践课程，培养学生综合运用知识的能力和创新能力，充分体现本专业人才培养质量和教学水平；最后，设置专业特色课程模块，以满足首都经济及金融业发展对本专业人才的需求。

5. 丰富教学环节，培养学生创新精神和实践能力

依托通识教育必修课程"创新思维方法"培养学生的创新精神与创新意识。在专业课程"金融市场学""中小企业金融服务"等课程的教学过程中融入创业融资的相关理论及实践内容，在课堂教学环节中加强学生创业能力培养。在第二课堂教学环节中，鼓励学生积极参加国家级、省部级及校级科技竞赛、专业竞赛、科技创新研究活动，鼓励学生参与教师科研项目，与教师合作发表论文、出版专著；在学好专业课的同时，鼓励学生积极备考执业资格或技能证书，参与创业项目等。学生获得的全国性专业技能竞赛名次和奖励等级，通过自主申请与学校相关部门认定后，可作为学分替代依据。金融学专业鼓励学生取得"证券从业资格证书""银行从业资格证书""注册会计师""保险经纪人""特许金融分析师"等资格证书，通过金融分析师、国际金融理财师等认证考试。